# Kreatives Basteln

Neue Bastelideen
für Kinder ab 3 Jahren

Ravensburger Buchverlag

Die Schreibweise entspricht den Regeln
der neuen Rechtschreibung

4     05

© 2002 Ravensburger Buchverlag
Otto Maier GmbH für die deutsche Ausgabe

Redaktion: Britta Vorbach
Umschlaggestaltung: Schmieder & Sieblitz
Umschlagfoto: Heidi Velten
Übersetzung aus dem Spanischen:
Susanne Bonn

Titel der Originalausgabe: VAMOS A CREAR
(Cartòn, Tejidos, Barro, Papel,
Corcho y Madera)
Originalausgabe © 2001 Parramón Ediciones,
S.A. Barcelona, España
World rights reserved
Texte: Anna Llimós Plomer
Illustrationen und Layout: Carlos Bonet
Fotos: Estudio Nos & Soto

Printed in Germany
ISBN 3-473-37831-3
www.ravensburger.de

# Papier 8

Tipps und Techniken 10

Leporello 12

Hut 14

Clown 16

Katze 18

Dorf 20

Blumen 24

Puppe 26

Tütenspaß 28

Tag und Nacht 30

Handpuppe 32

Telefon 34

Bonbon 36

# Pappe 38

Tipps und Techniken 40

Tischtennis 42

Schnecke 44

Parkhaus 46

Pantoffeln 48

Fotoapparat 50

Ringspiel 54

Stifthalter 56

Spardose 58

Schrank 60

Papagei 62

Scherenmäppchen 64

Bilderrahmen 66

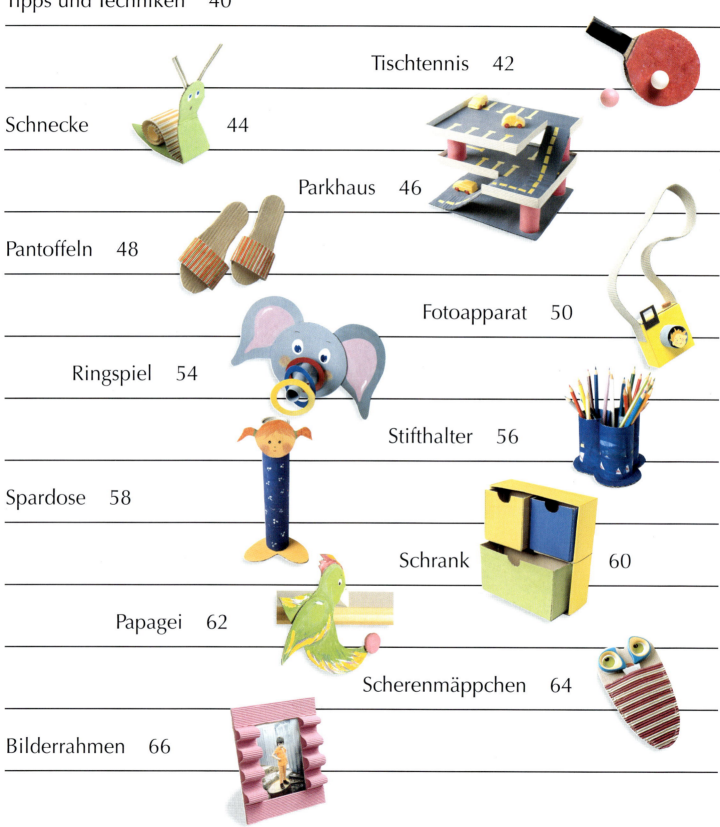

# Stoffe und Wolle 68

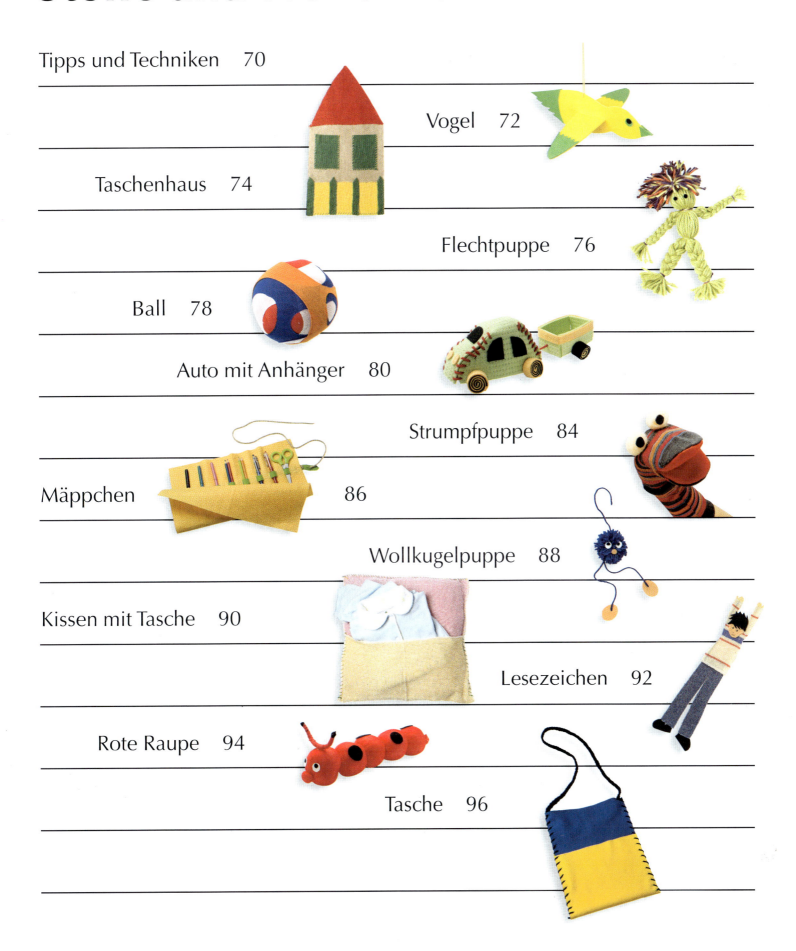

Tipps und Techniken 70

Vogel 72

Taschenhaus 74

Flechtpuppe 76

Ball 78

Auto mit Anhänger 80

Strumpfpuppe 84

Mäppchen 86

Wollkugelpuppe 88

Kissen mit Tasche 90

Lesezeichen 92

Rote Raupe 94

Tasche 96

# Holz und Kork 98

Tipps und Techniken 100

Landschaft aus Holz 102

Schaukelente 104

Kasten 106

Domino 108

Puppenstube 110

Drahtfigur 114

Rassel 116

Lustiges Besteck 118

Korkpferdchen 120

Untersetzer 122

Storch 124

Mappe 126

# Ton 128

Tipps und Techniken  130

Figur mit Schal  132

Windlicht  134

Schuh  136

Teller  138

Turmfigur  140

Wal  144

Mobile  146

Fingerpuppen  148

Schmuckfliese  150

Drache  152

Tasse  154

Bleistiftspitzer  156

# Papier

Papier ist ein Material, das in der Regel aus einer Mischung von Pflanzenfasern hergestellt und in sehr dünnen Blättern verkauft wird.
Es gibt viele verschiedene Papiersorten, die alle einem bestimmten Zweck dienen: Packpapier, Zeichenpapier, Schreibpapier ... Papier ist aber auch ein ideales Material für kreative Bastelarbeiten: Es ist schnell besorgt, sehr einfach zu bearbeiten und die Ergebnisse können sich immer sehen lassen.

In diesem Kapitel werden zwölf einfache Bastelideen mit Papier vorgestellt: ein Leporello, ein lustiger Clown, dekorative Blumen … Ausgehend von diesen Anregungen fallen den Kindern bestimmt viele eigene Ideen ein, die sie mit den beschriebenen Techniken ausführen können.
Zu jeder Anleitung gibt es einen Vorschlag, wie man die Bastelarbeit erweitern und abwandeln kann.

Sie finden in diesem Kapitel Anleitungen in unterschiedlichen Schwierigkeitsgraden. Je nach Entwicklungsstand der Kinder und nach Größe und Zusammensetzung Ihrer Gruppe sollten Sie sich von den Symbolen rechts oben auf jeder Doppelseite leiten lassen:

 **leicht**

 **mittel**

| Seite 18 | Katze |
| Seite 26 | Puppe |
| Seite 32 | Handpuppe |
| Seite 34 | Telefon |
| Seite 36 | Bonbon |

 **anspruchsvoll**

| Seite 16 | Clown |
| Seite 20 | Dorf |
| Seite 28 | Tragetasche |
| Seite 30 | Tag und Nacht |

| Seite 12 | Leporello |
| Seite 14 | Hut |
| Seite 24 | Blumen |

# Tipps und Techniken

Vor allem für kleinere Kinder ist es hilfreich, bestimmte Arbeitsschritte vorzubereiten, z. B. beim Hut (S. 14) sollte der Kegel bereits fertig geklebt sein. Für die Katze (S. 18) kann man die Körperteile vorzeichnen. So dauert die Arbeit weniger lang und fällt leichter. Die Kinder sollten lernen, das Material gut auszunutzen, also z. B. Schablonen zum Ausschneiden am Papierrand anlegen, wenig Klebstoff verwenden …

### Material und Bezugsquellen

Papier zum Basteln gibt es in Schreibwaren- und Bastelläden. *Schreibpapier* kann bei Bedarf mit Buntstiften, Wasserfarben oder Wachsmalstiften vor dem Basteln bemalt werden. *Buntpapier* in verschiedenen Farben, wird z. B. zum Bekleben von anderem Papier oder zum Falten verwendet. *Tonpapier* ist etwas stabiler als Schreibpapier oder Buntpapier, ist in allen Farben erhältlich und eignet sich zum Schneiden, Drucken, Falten. *Fotokarton (Zeichenkarton)* ist stabiler als Tonpapier und deshalb ideal für Gebrauchsgegenstände, wie z. B. Hüte oder Masken. *Seidenpapier* ist sehr dünn und fast durchsichtig. Achtung: In Verbindung mit Wasser oder flüssigem Klebstoff färbt es ab. Am besten verarbeitet man es mit Klebstift. *Krepppapier* ist farbiges Papier, in Kreppfalten gekräuselt.

### Techniken

Papier lässt sich leicht verarbeiten. Techniken wie reißen, schneiden, zeichnen, bemalen, kleben lassen sich auch von kleinen Kindern gut erlernen. Ausgerüstet mit einer Schere, Klebstoff oder Klebeband kann es losgehen. Kleinen Kindern muss man die Scherenhaltung zeigen, beim Schneiden von Rundungen wird das Papier gedreht, nicht die Schere. Das Ausschneiden mit der Schere empfiehlt sich erst für Kinder ab vier bis fünf Jahren. Jüngere Kinder prickeln die Formen mit der Prickelnadel auf einer Filzunterlage aus. Zum Kleben eignet sich Klebstift.

### Bemalen

Beim Malen mit Plakat-, Dispersions- oder Wasserfarbe benutzen die Kinder Pinsel. Für Dreijährige ist es einfacher, mit Fingerfarbe und den Fingern zu arbeiten. Bevor sie weiterbasteln, sollten sich die Kinder die Hände sauber machen, um keine unerwünschten Farbflecken auf der Bastelarbeit zu bekommen.

**Viel Spaß mit Papier!**

# Leporello

**In dieses selbst gemachte Büchlein können die Kinder z. B. später Fotos oder Sticker kleben.**

**Material**
- Papier (DIN-A4) in verschiedenen Farben
- Klebestift
- Schere
- durchsichtige Klebefolie
- Filzstift
- Lineal

1. Ein 10 x 10 cm großes Papierquadrat zuschneiden und einen Apfel darauf zeichnen.

2. Papierschnipsel in verschiedenen Farben zuschneiden.

3. Den Hintergrund mit blauen und lila Schnipseln bekleben, den Apfel mit rötlichen Farben und das Blatt mit Grün.

4. Vier DIN-A4-Blätter (eins von jeder Farbe) der Länge nach falten und durchschneiden.

**5** Die Streifen in der Mitte falten, sodass 10 x 10 cm große Quadrate entstehen.

**6** Die gefalteten Streifen so aneinander kleben, dass eine Ziehharmonika entsteht.

**7** Den beklebten Apfel als Deckblatt mit Klebefolie überziehen und auf die obere Seite des Leporello kleben. Auch die letzte Seite des Büchleins mit Folie schützen, damit sie etwas mehr aushält.

Wer macht ein Bilderbuch daraus?

**Variation**
Statt die Blätter zu einer Ziehharmonika zu falten, kann man sie auch in einer Ecke lochen und mit einer Klammer verbinden.

# Hut

**Dieser lustige Hut eignet sich für Kinderfeste oder für ein pfiffiges Kostüm.**

1. Auf das gelbe Tonpapier einen Halbkreis zeichnen und ausschneiden. Den Kreis zu einem Kegel biegen und zusammenkleben.

2. Aus dem Seidenpapier grüne, rosa und orangefarbene Kreise in verschiedenen Größen ausschneiden. Wenn man das Papier mehrmals faltet und dann einen Kreis ausschneidet, erhält man mehrere Kreise auf einmal.

### Material
- rosa, grünes und orangefarbenes Seidenpapier
- gelbe Papiergirlande
- gelbes Tonpapier
- Zirkel
- Klebestift
- Schere
- Klebstift oder verdünnter Bastelleim
- Pinsel
- Filzstift
- Lineal
- evtl. Dose für den Leim

3. Die Kreise als Verzierung mit Klebstift oder verdünntem Bastelleim auf den gelben Kegel kleben.

**4** Weitere Kreise aufkleben, auch überlappend, bis der ganze Hut bedeckt ist.

**5** Zum Schluss die gelbe Girlande am unteren Rand des Hutes befestigen und ein kleines Stück an die Spitze setzen.

Mit diesem Hut ist man schnell verkleidet – als Clown, Artist oder Magier!

**Variation**
Man kann das Seidenpapier auch in Streifen schneiden oder in unregelmäßige Stücke reißen und den Hut damit verzieren.

# Clown

Um diesen fröhlichen Clown zu basteln, braucht man nur eine Girlande und eine Kugel aus Papier.

**Material**
- kleine Papierkugel
- bunte Papiergirlande
- orangefarbene Papiergirlande
- blaues Garn
- hautfarbene, weiße, rote und blaue Farbe
- Pinsel
- Schere
- Klebstift
- Krepppapier
- Stopfnadel
- Schaschlikspieß

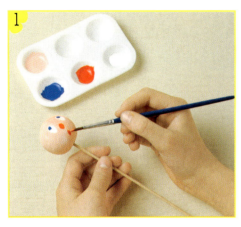

1 Die Papierkugel auf den Schaschlikspieß stecken, das erleichtert das Bemalen: den Hintergrund mit Hautfarbe, Augen, Nase und Mund mit Weiß, Blau und Rot.

2 Zwei Stücke von der bunten Girlande abschneiden (eins etwas länger als das andere) und in der Mitte mit blauem Garn zusammenbinden. Das kürzere Stück ergibt die Arme, das längere die Beine.

3 Den Kopf mit der Stopfnadel durchstechen und das blaue Garn durch dieses Loch ziehen. Kopf und Körper des Clowns mit dem Garn zusammenbinden.

**4** Von der orangefarbenen Girlande ein kleines Stück abschneiden und als Perücke auf den Kopf kleben.

**5** Einen Streifen rotes Krepppapier zuschneiden und den Körper umwickeln.

Viel Spaß mit dem Clown! Er kann sitzen, springen, tanzen ...

**Variation**
Man kann den Kopf auch aus Papiermaschee modellieren (Zeitungspapier in heißem Wasser einweichen und mit Tapetenkleister verkneten).

# Katze

Ein Streifen Tonpapier verwandelt sich ganz schnell in eine Katze. Sie freut sich über einen Platz am Fenster.

**Material**
- grünes Tonpapier (DIN-A4)
- Klebstift
- Schere
- weißer und schwarzer Buntstift
- Lineal

1. Einen 4 cm breiten Streifen an der langen Seite des Tonpapiers anzeichnen und abschneiden.

2. Am einen Ende des Streifens 5 cm, am anderen 7 cm umschlagen. Aus dem größeren Stück schneidet man die Füße.

3. Mit weißem und schwarzem Buntstift Querstreifen auf den Körper der Katze zeichnen. Für die Beine eine senkrechte Linie in Schwarz ziehen.

4. Das 5 cm lange Ende auf die Füße der Katze kleben, sodass diese noch zu sehen sind. Den Körper rund biegen und mit Schwarz die Krallen einzeichnen.

**5** Auf den Rest des grünen Tonpapiers den Kopf und den Schwanz der Katze malen.

Miau! Mit vielen Katzen entsteht eine ganze Katzenfamilie.

**6** Den Kopf an die Vorderseite kleben (dort wo die Füße sind). In die Rückseite einen kleinen Schlitz schneiden und den Schwanz hineinstecken.

**Variation**
Man kann die Katzen in anderen Farben und mit verschiedenen Gesichtern basteln, mit weichem Stofffell bekleben und an Freunde verschenken.

# Dorf

Mit einfacher Pop-up-Technik entsteht ein ganzes Dorf. Ein idealer Spielplatz für Figuren und Holztiere.

**Material**
- grünes, blaues und rotes Tonpapier
- braunes, blaues und gelbes Packpapier
- rotes Seidenpapier
- quadratische und rechteckige Aufkleber in verschiedenen Farben
- weißes Papier (DIN-A4)
- Aluminiumfolie
- Schere
- Klebstift
- Filzstifte
- Lineal

1. Das grüne Tonpapier auf eine Hälfte des blauen Tonpapiers kleben.

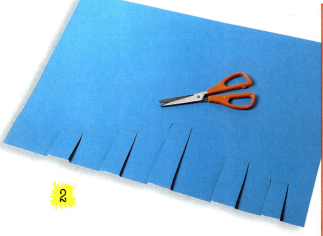

2. Das blaue Tonpapier in der Mitte falten, sodass eine Art Mappe entsteht. Die Mappe von der Faltkante her zehnmal verschieden tief einschneiden, damit fünf Zungen entstehen.

3. Auf das gelbe Packpapier eine Sonne und auf das weiße Papier zwei Wolken zeichnen und ausschneiden. Die Mappe öffnen und Sonne und Wolken auf den blauen Teil kleben.

**4** Die Umrisse von vier Häusern (zwei große und zwei kleinere) auf ein Stück rotes Tonpapier zeichnen.

**5** Die beiden kleinen Häuser mit gelbem Packpapier bekleben und von den großen eins mit braunem und eins mit blauem Packpapier. Die Dächer bleiben dabei frei.

**6** Rechteckige und quadratische Aufkleber in verschiedenen Farben als Fenster und Türen auf die Häuser setzen.

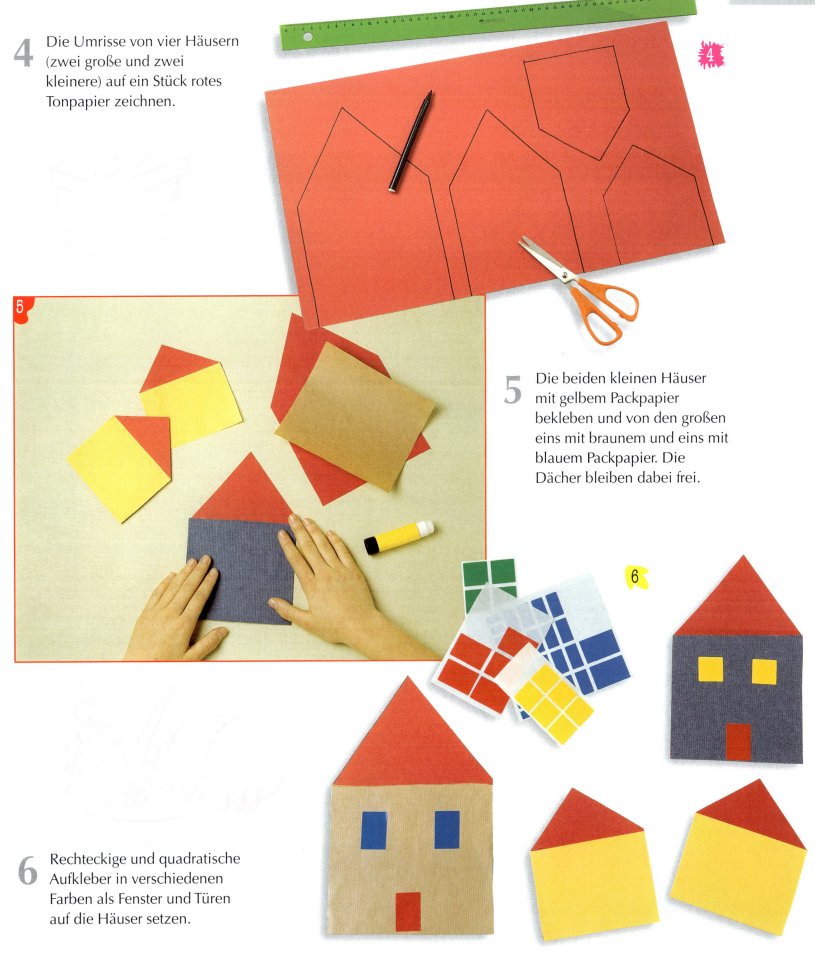

**7** Den Umriss eines Baums auf ein Stück grüne Pappe zeichnen, ausschneiden und den Stamm mit braunem Packpapier bekleben.

**8** Für die Früchte des Baums aus rotem Seidenpapier kleine Kügelchen rollen und in die Baumkrone kleben.

**9** Aus Aluminiumfolie einen Bach zuschneiden und auf der Wiese (dem grünen Tonkarton) befestigen.

22

**10** Die Zungen, die in die Mappe geschnitten wurden, nach innen falten und an jede ein Haus oder den Baum kleben.

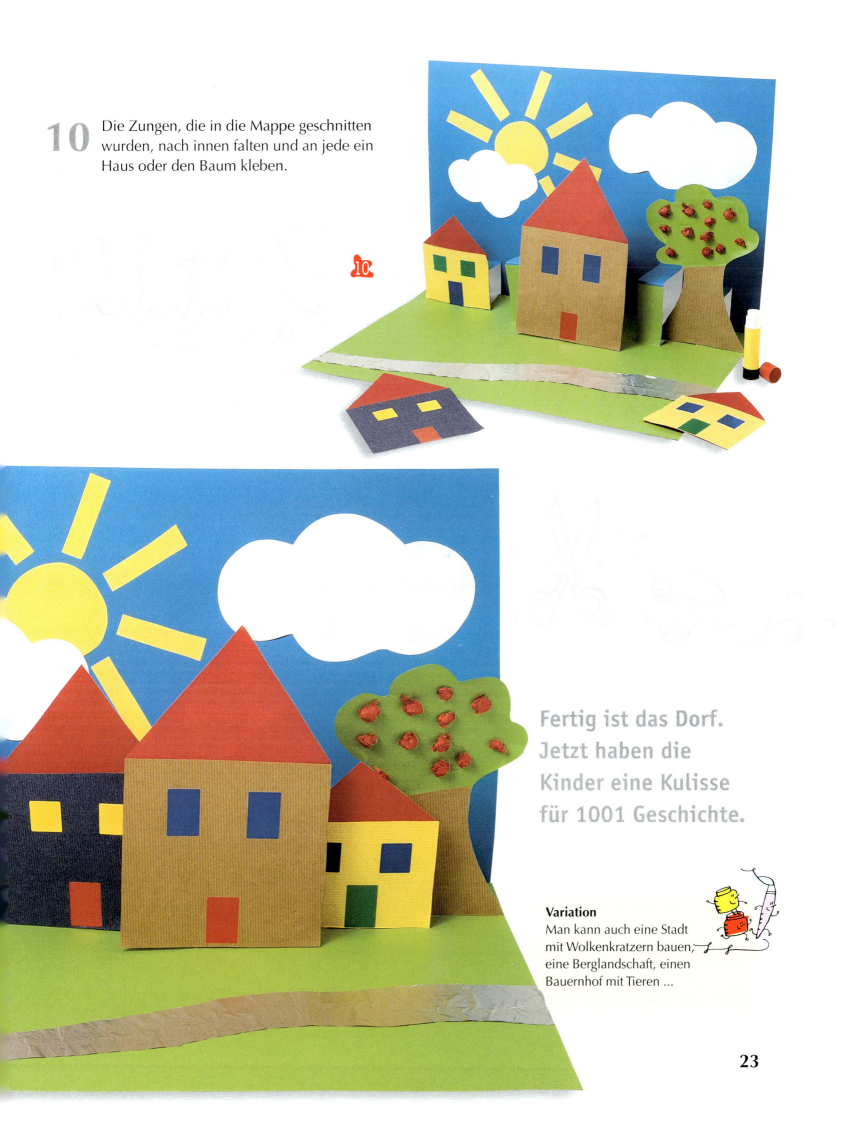

Fertig ist das Dorf. Jetzt haben die Kinder eine Kulisse für 1001 Geschichte.

**Variation**
Man kann auch eine Stadt mit Wolkenkratzern bauen, eine Berglandschaft, einen Bauernhof mit Tieren …

# Blumen

Aus buntem Krepppapier ist schnell ein immerwährender Blumenstrauß gebastelt. Ein schönes Geschenk für Eltern, Freunde und Verwandte.

**1** Jeweils drei kurze, breite Streifen aus rosa, lila und rotem Krepppapier schneiden und in der Mitte falten.

**2** Aus je drei verschiedenfarbigen Streifen oben am Schaschlikspieß die Blüte wickeln und mit Klebeband festkleben.

### Material
- rosa, lila und rotes Krepppapier
- grünes Seidenpapier
- Klebeband
- Klebstift
- Schere
- Schaschlikspieß

**3** Einen langen Streifen grünes Seidenpapier zuschneiden.

**4** Den grünen Streifen um den Schaschlikspieß wickeln und festkleben.

**5** Die Krepppapierstreifen vorsichtig auseinander ziehen, sodass sie wie die Blütenblätter einer Blume aussehen.

**Variation**
Variiert man Farbe, Größe und Anzahl der Streifen, entstehen immer neue Blüten.

Jetzt die Blumen zu einem großen Strauß binden und in Krepppapier einwickeln!

# Puppe

**Diese lustige Puppe kann sich strecken.**

**Material**
- rosa Tonpapier (DIN-A4)
- rotes, orangefarbenes, blaues, gelbes, grünes, weißes und hautfarbenes Buntpapier
- Schere
- Klebestift
- schwarzer Filzstift

1. Zwei Blätter rosa Papier je zweimal falten, wie zu einem Prospekt. Die Ränder zusammenkleben. Eins der beiden Blätter muss zum Schluss schmaler sein als das andere, damit sich beide ineinander schieben lassen.

2. Auf das hautfarbene Buntpapier den Umriss eines Kopfes mit sehr langem Hals zeichnen und auf den schmaleren rosa Streifen kleben.

3. Aus dem farbigen Papier Haare, Augen, Wangen, Mund und Nase zuschneiden und auf den Kopf kleben.

4. Ein grünes Hemd, weiße Knöpfe und einen orangen Rock ausschneiden. Für Beine und Hände hautfarbenes Papier, für Schuhe und Socken eine passende Farbe aussuchen.

**6** Den schmaleren Streifen in den breiteren schieben. Jetzt lässt sich der Kopf durch Schieben und Ziehen auf- und abbewegen.

**5** Alle Teile des Körpers auf den breiteren rosa Streifen kleben.

Was entdeckt die Puppe mit ihrem langen Hals alles?

**Variation**
Wenn man drei gefaltete Papierstreifen ineinander schiebt, bekommt die Puppe auch noch lange Beine.

27

# Tütenspaß

**In dieser praktischen Tragetüte finden Geschenke oder andere Kleinigkeiten Platz.**

**Material**
- blaues, gelbes und braunes Packpapier
- grüne runde Aufkleber
- Filzstifte
- Schere
- Klebstift

1. Das blaue Packpapier auf 70 x 40 cm zuschneiden. Der Breite nach so falten, dass an einer Seite 10 cm Rand bleiben. Diesen knicken und ankleben.

2. Für den Boden an einem offenen Ende die Ecken 5 cm umfalten. Streifen umbiegen und ankleben.

3. Für die Griffe zwei Streifen aus blauem Packpapier zuschneiden, diese zweimal der Länge nach falten und zu einem U knicken. Die Enden mit Klebstift oder -band innen an der Tasche befestigen.

4. Auf ein Stück gelbes Packpapier den Umriss einer Giraffe zeichnen und ausschneiden.

**5** Die Giraffe auf die Tasche kleben. Zwei grüne runde Aufkleber als Augen aufkleben und mit schwarzem Filzstift die Pupillen aufmalen.

**6** Auf braunes Packpapier die Flecken der Giraffe, die Hufe, die Nase und den Schwanz von Hand vorzeichnen und alles ausschneiden. Dann die Einzelteile an die richtigen Stellen kleben.

Fertig ist die Tragetasche – eine schöne Verpackung für ein Geschenk.

**Variation**
Man kann die Tasche auch mit anderen Motiven dekorieren, z.B. mit einer Schildkröte, mit Blumen …

# Tag und Nacht

**Mit einem einfachen Trick verändert sich bei dieser Bastelei das Bild – je nach Blickwinkel.**

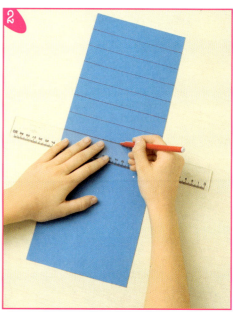

2 Ein Stück blaues Tonpapier auf 15 x 42 cm zuschneiden und 14 je 3 cm breite Streifen einzeichnen.

1 Auf der langen Seite des DIN-A4-Blattes die Mitte anzeichnen. Auf die eine Hälfte den Mond und Sterne (Nacht) und auf die andere die Sonne (Tag) malen.

**Material**
- blaues Tonpapier
- weißes Papier (DIN-A4)
- Buntstifte
- Lineal
- Filzstift
- Schere
- Klebstift

3 Das Tonpapier an den eingezeichneten Linien falten, sodass eine Ziehharmonika entsteht.

**4** Die Zeichnungen in jeweils sieben 3 cm breite Streifen einteilen und zerschneiden.

**5** Die Streifen beider Bilder abwechselnd auf das gefaltete Tonpapier kleben.

Tag oder Nacht? Das Bild überrascht jeden Betrachter.

**Variation**
Man kann den Untergrund auch mit Fotos bekleben oder ein Bild mit warmen und ein Bild mit kalten Farben malen.

# Handpuppe

Ganz schnell entsteht aus einer Papprolle eine kleine Handpuppe.

**Material**
- kurze Papprolle
- Papier in verschiedenen Farben
- weiße, rote und grüne runde Aufkleber
- Klebstift
- Schere
- schwarzer Filzstift

1. Unterschiedlich breite Streifen aus rosa, lila, orangefarbenem und blauem Papier zuschneiden.

2. Einen schmalen Streifen aus grünem Papier zuschneiden und an einer langen Seite Dreiecke ausschneiden. Für die Haare aus grünem Papier einen breiteren Streifen abtrennen und an einer langen Seite mehrmals kurz einschneiden.

3. Als Erstes die Haare an der Röhre befestigen. Danach die bunten Streifen überlappend aufkleben, zum Schluss den grünen Streifen.

**4** Für die Augen Pupillen auf zwei grüne runde Aufkleber malen.

**5** Einen roten Aufkleber als Nase mitten in das Gesicht setzen. Zwei weiße Aufkleber mit den kleineren grünen als Augen ankleben.

Jetzt heißt es: Bühne frei für die Handpuppe.

**Variation**
Mit Papier und Aufklebern in verschiedenen Farben entstehen unterschiedliche Puppen. Man kann sie auch als Serviettenhalter verwenden.

# Telefon

**Telefonieren macht Spaß, besonders mit einem eigenen Spielzeugtelefon.**

**Material**
- roter und schwarzer Fotokarton
- weiße rechteckige Aufkleber
- grüne runde Aufkleber
- schwarzer Filzstift
- Klebstift
- Schere
- Lineal
- weißer Buntstift

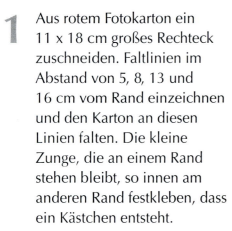

1. Aus rotem Fotokarton ein 11 x 18 cm großes Rechteck zuschneiden. Faltlinien im Abstand von 5, 8, 13 und 16 cm vom Rand einzeichnen und den Karton an diesen Linien falten. Die kleine Zunge, die an einem Rand stehen bleibt, so innen am anderen Rand festkleben, dass ein Kästchen entsteht.

2. Einen rechteckigen weißen Aufkleber oben auf eine der breiten Seiten kleben. Das wird das Display des Telefons.

3. Mit dem schwarzen Filzstift die Zahlen von 0 bis 9, ein Sternchen (*) und dieses Zeichen (#) auf die runden grünen Aufkleber schreiben.

**4** Die Aufkleber von 1 bis 9 in drei Reihen anbringen, den (*), die 0 und das (#) in die vierte Reihe.

**5** Eine Antenne auf ein Stück schwarzen Karton zeichnen, ausschneiden und oben an das Telefon kleben.

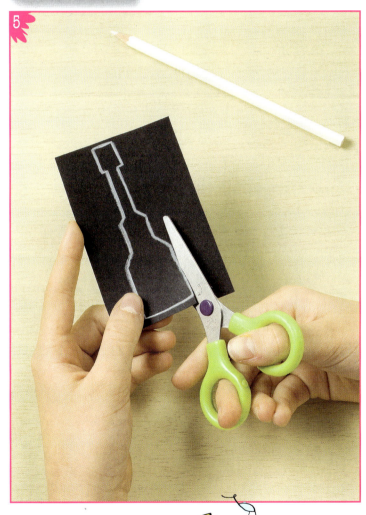

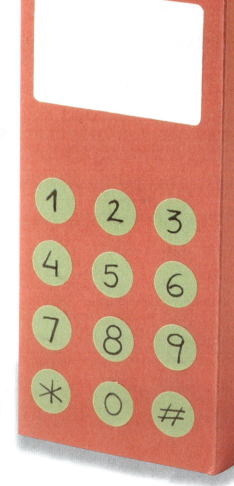

**Variation**
Das Telefon mit allen Extras ausstatten, die den Kindern einfallen, und auf das Display eine lustige Nachricht schreiben.

**Klingeling! Hallo, wer spricht denn da?**

# Bonbon

**Diese Bonbons sind eine lustige Dekoration für Kinderfeste.**

1. Die Serviette aufrollen oder zerknüllen und in gelbe Plastikfolie wickeln. Die Enden abbinden, sodass ein Bonbon entsteht.

2. Kreise auf buntes Tonpapier zeichnen und ausschneiden: ein roter Kreis für die Nase, zwei blaue für die Augen und zwei kleinere schwarze, die als Pupillen auf die blauen Kreise geklebt werden.

### Material
- dünne, gelbe Plastikfolie
- gelbe Papierserviette
- gelbes, grünes, rotes, blaues und schwarzes Tonpapier
- Schere
- Klebstift
- Klebeband
- Filzstift

3. Augen und Nase mitten auf das Bonbon kleben.

4. Die Beine auf gelbes Tonpapier zeichnen und ausschneiden.

**5** Kurze Streifen aus grünem, rotem und blauem Tonpapier zuschneiden und damit die Beine verzieren.

**6** Mit einem Stück Klebeband das obere Ende der Beine an der Rückseite des Bonbons befestigen.

Fertig ist das kleine Maskottchen. Viele Bonbons zusammen ergeben ein Mobile.

**Variation**
Man kann die Folie vor dem Basteln mit bunten Mustern bemalen. In die Serviette kann man ein kleines Geschenk einwickeln.

# Pappe

Pappe begleitet uns im Alltag überall, meist als Verpackungsmaterial, z. B. Wellpappe, Pappröhren, Schuhkartons. Pappe wird aus Papiermasse hergestellt, manchmal auch aus mehreren miteinander verbundenen Papierblättern.
Es gibt sie in verschiedenen Stärken und Größen: fein, dick, gewellt, glatt ... Wer im Haushalt ein bisschen sammelt, hat dieses ideale Bastelmaterial jederzeit schnell und kostenlos zur Verfügung.

Die Bastelideen in diesem Kapitel reichen von nützlichen Dingen wie der Spardose über Dekoratives (z. B. Fotorahmen) bis hin zu selbst gemachtem Spielzeug (z. B. ein Wurfspiel mit Pappringen). Zu jeder Anleitung gibt es einen Vorschlag, wie man die Bastelarbeit erweitern und abwandeln kann.

Sie finden in diesem Kapitel Anleitungen in unterschiedlichen Schwierigkeitsgraden. Je nach Entwicklungsstand der Kinder und nach Größe und Zusammensetzung Ihrer Gruppe sollten Sie sich von den Symbolen rechts oben auf jeder Doppelseite leiten lassen:

| Seite 42 | Tischtennis |
| Seite 44 | Schnecke |
| Seite 48 | Pantoffeln |
| Seite 56 | Stifthalter |
| Seite 64 | Scherenmäppchen |

| Seite 46 | Parkhaus |
| Seite 50 | Fotoapparat |
| Seite 54 | Ringspiel |
| Seite 58 | Spardose |
| Seite 62 | Papagei |
| Seite 66 | Bilderrahmen |

  **leicht**

| Seite 60 | Schränkchen |

  **mittel**

  **anspruchsvoll**

# Tipps und Techniken

Pappe ist stabiler als Papier und eignet sich deshalb für größere Objekte, die man z. B. als Spielzeug benutzen will. Wenn die Kinder erst einmal gelernt haben, wie man verschiedene Pappteile zusammenkleben kann, ist ihrer Experimentierfreude keine Grenze mehr gesetzt und sie entwickeln selbst die besten Ideen. Besonders geeignet für das Basteln mit Kindergruppen sind das Ringspiel, das Scherenmäppchen oder der Bilderrahmen.

*Material und Bezugsquellen*

Es gibt zwar Pappe in verschiedenen Farben (Bastelbedarf), aber die Bastelideen in diesem Buch sind alle mit ungefärbter Pappe umsetzbar. Man muss vorher entsprechendes Verpackungsmaterial sammeln. Die Kinder können die Pappe mit Farben ihrer Wahl bemalen, am besten eignen sich Plakatfarben oder Dispersionsfarbe. Damit alles klappt, braucht man nur noch eine Schere, Heftklammern und Holz- und Bastelleim.

*Techniken*

Pappe schneiden ist nicht ganz leicht, deswegen sollte man dünne Pappe wählen. Ein Bastelmesser empfiehlt sich erst für Kinder ab fünf Jahren, die Handhabung muss aber gut beaufsichtigt werden. Mit Bastelmesser sollten die Kinder nur auf einer dicken Unterlage arbeiten.

Viel Spaß mit Pappe!

# Tischtennis

Tischtennisschläger muss man nicht kaufen.
Sie sind schnell selbst gebaut.

**Material**
- dicke, glatte Pappe
- schwarzes Klebeband
- Schere
- Klebstoff
- weiße und rote Farbe
- Schwamm
- Filzstift
- Pinsel
- Lineal

**1** Zweimal den Umriss eines Tischtennisschlägers auf die dicke, glatte Pappe zeichnen und ausschneiden.

**2** Einen Schläger als Muster verwenden, um zwei runde Flächen und zwei Griffe aufzuzeichnen. Die runden Flächen müssen eine gerade Grundlinie haben.

**3** Die beiden Schläger mit Klebstoff zusammenfügen und dann auf jede Seite eine runde Fläche und einen Griff kleben.

**4** Den Griff mit schwarzem Klebeband umwickeln und die beiden runden Flächen weiß anmalen.

**5** Wenn die weiße Farbe trocken ist, mit Hilfe des Schwamms die Flächen rot färben.

**Variation**
Lustig ist auch ein Tischtennisschläger mit besonderer Form, zum Beispiel eine Hand.

Fertig ist der Tischtennisschläger und das Spiel kann losgehen!

# Schnecke

Aus zwei Pappstreifen lässt sich leicht eine Schnecke basteln. Langsam und gemütlich kriecht sie umher.

**Material**
- dünne Wellpappe
- dünne glatte Pappe
- Schere und Wäscheklammern
- Klebstoff
- orange, grüne, weiße, blaue und rote Farbe
- Pinsel
- Filzstift

**1** Den Körper der Schnecke auf einen Streifen dünne glatte Pappe zeichnen und sauber ausschneiden.

**2** Aus Wellpappe ein ungefähr 15 cm langes, 3 cm breites Stück zuschneiden und mit orangefarbenen Streifen bemalen. Das ergibt das Schneckenhaus.

**3** Den Körper grün anmalen. Wenn er trocken ist, Augen und Mund der Schnecke aufmalen.

**4** Das eine Ende des Schneckenhauses mittig auf den Rücken der Schnecke kleben. Den Streifen aufrollen und mit den Wäscheklammern festhalten. Wenn man die Klammern später abnimmt, bleibt die Pappe trotzdem spiralförmig.

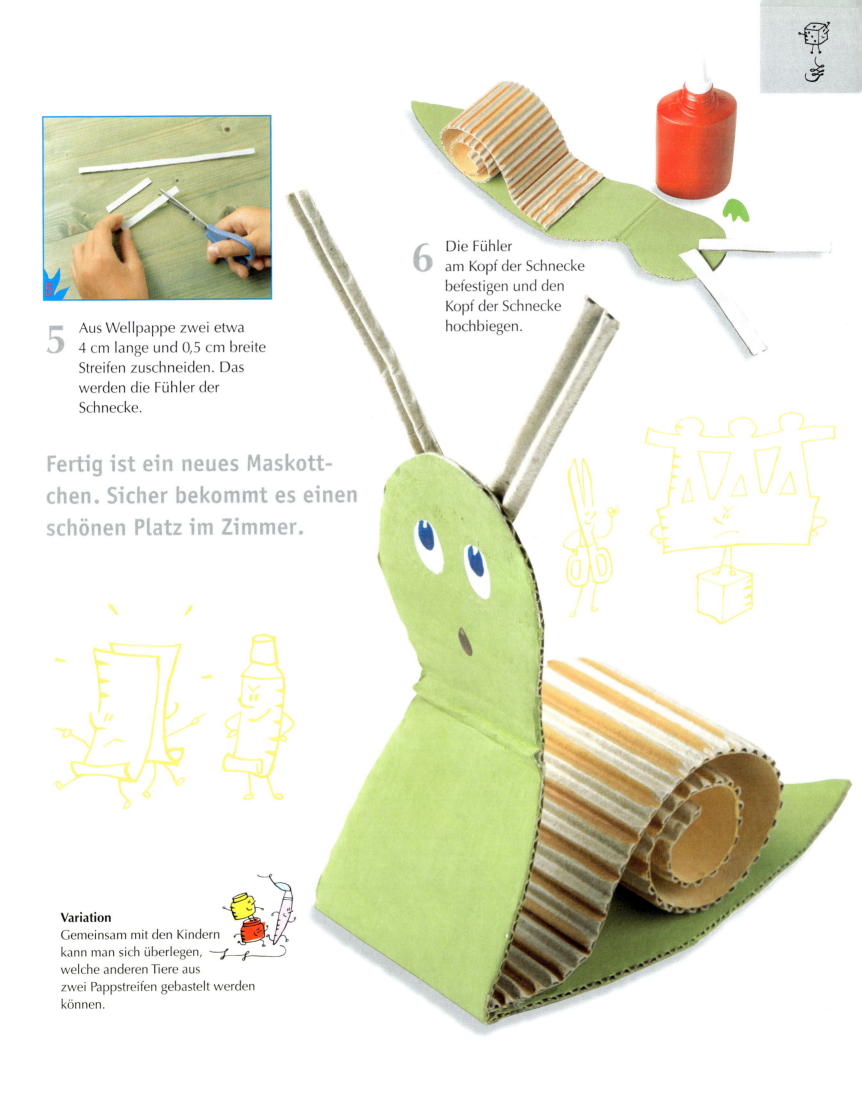

**5** Aus Wellpappe zwei etwa 4 cm lange und 0,5 cm breite Streifen zuschneiden. Das werden die Fühler der Schnecke.

**6** Die Fühler am Kopf der Schnecke befestigen und den Kopf der Schnecke hochbiegen.

Fertig ist ein neues Maskottchen. Sicher bekommt es einen schönen Platz im Zimmer.

**Variation**
Gemeinsam mit den Kindern kann man sich überlegen, welche anderen Tiere aus zwei Pappstreifen gebastelt werden können.

# Parkhaus

Wer für seine Spielzeugautos endlich einen richtigen Parkplatz braucht, kann ihnen ein ganzes Parkhaus bauen.

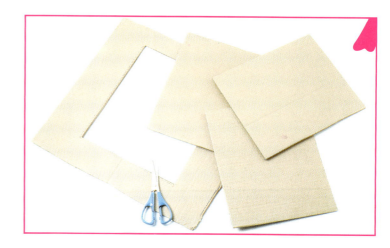

**Material**
- dünne Wellpappe
- dicke glatte Pappe
- 6 kurze Papprollen
- gelbes Klebeband
- Klebstoff
- rosa und graue Farbe
- Pinsel
- Filzstift

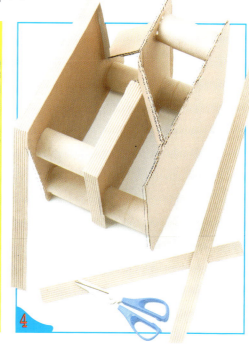

**1** Auf die glatte Pappe drei Rechtecke von 30 x 25 cm zeichnen und ausschneiden.

**2** Ein Rechteck an der schmalen Seite 4 cm vom Rand entfernt 20 cm tief einschneiden. Ein zweites Rechteck an der langen Seite genauso einschneiden. Diese Abschnitte bilden die Auffahrrampen.

**3** Das Rechteck ohne Rampe als Basis verwenden und darauf die zwei Stockwerke des Parkhauses bauen. Als Säulen auf jedes Stockwerk drei kurze Papprollen kleben.

**4** Die Ränder des ersten und zweiten Stockwerks mit etwa 2 cm breiten Wellpappestreifen rundherum einfassen.

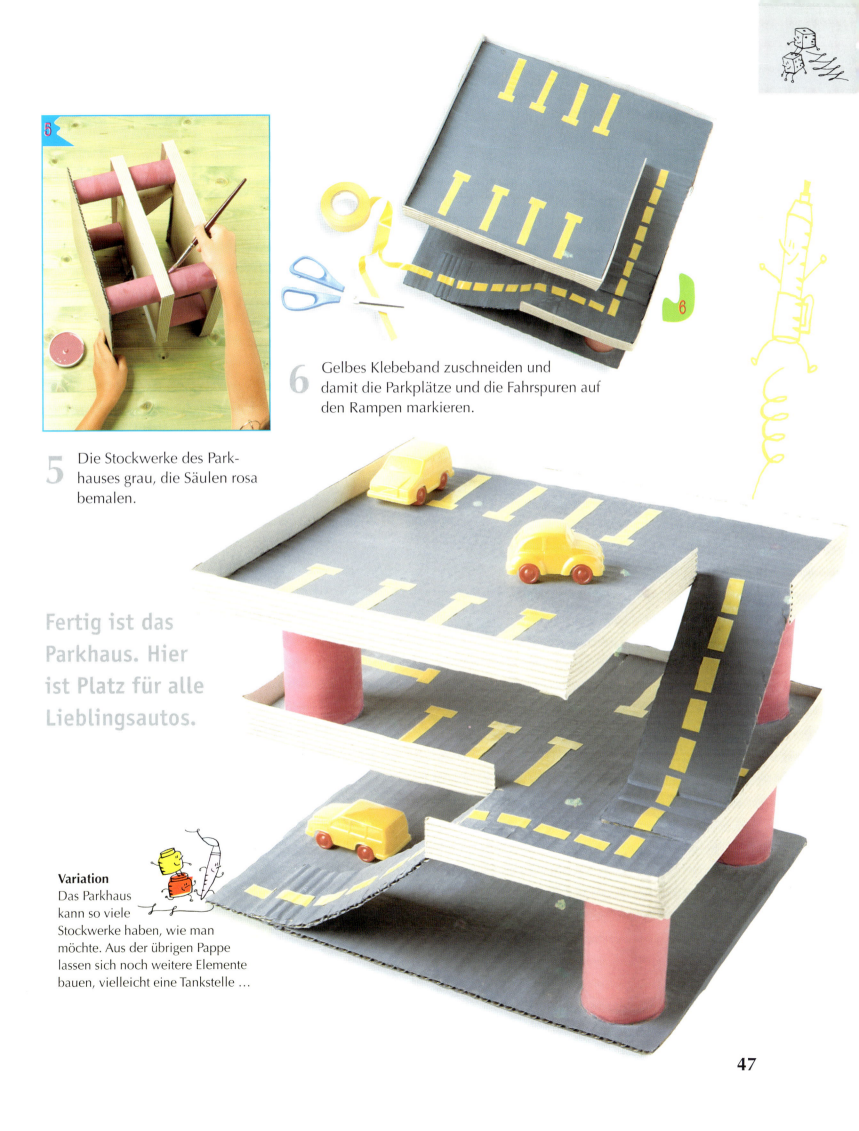

**5** Die Stockwerke des Parkhauses grau, die Säulen rosa bemalen.

**6** Gelbes Klebeband zuschneiden und damit die Parkplätze und die Fahrspuren auf den Rampen markieren.

**Fertig ist das Parkhaus. Hier ist Platz für alle Lieblingsautos.**

**Variation**
Das Parkhaus kann so viele Stockwerke haben, wie man möchte. Aus der übrigen Pappe lassen sich noch weitere Elemente bauen, vielleicht eine Tankstelle …

# Pantoffeln

**Ein Paar Schuhe gefällig? Diese witzigen Pantoffeln sind schnell hergestellt.**

**Material**
- dicke glatte Pappe
- dünne Wellpappe
- Schere
- Klebstoff
- Hefter
- weiße, rote und grüne Farbe
- Pinsel
- Filzstift

1. Auf der glatten Pappe dreimal die Sohle eines passenden Schuhs anzeichnen und ausschneiden.

2. Einen etwa 10 cm langen, 6 cm breiten Streifen auf die dünne Wellpappe zeichnen und sauber ausschneiden.

3. Den Streifen an eine der vorbereiteten Pappsohlen heften.

**4** Die zweite Sohle unter die erste kleben und die dritte oben aufsetzen, sodass die Heftklammern abgedeckt sind.

**5** Die Wellpappe mit grünen, roten und weißen Streifen verzieren.

Der andere Schuh wird genauso gebastelt, aber darauf achten, dass man den Umriss des anderen Fußes nachzeichnet. Und los geht's!

**Variation**
Damit die Pantoffeln länger halten, kann die Wellpappe auch durch ein Stück Stoff ersetzt werden.

# Fotoapparat

**Mit dieser Pappkamera gelingt beim nachgespielten Foto-Shooting jeder Schnappschuss!**

**Material**
- dünne Wellpappe
- dünne glatte Pappe
- dicke glatte Pappe
- rechteckige Schachtel
- kurze Papprolle
- Schere
- Klebstoff
- Farbe in verschiedenen Tönen
- Pinsel
- Filzstift

1   Von der Papprolle einen 3 cm breiten Ring abschneiden: Dieser bildet später das Objektiv.

2   Auf ein Stück dünne, glatte Pappe den Sucher zeichnen und ausschneiden.

3   Für den Tragriemen zwei lange Streifen Wellpappe zuschneiden und mit der glatten Seite aufeinander kleben.

**4** Auf ein Stück dicke, glatte Pappe fünf kleine Kreise zeichnen und ausschneiden. Die Kreise zusammenkleben, sie sind der Auslöser.

**5** Sucher, Tragriemen und Auslöser an der rechteckigen Schachtel befestigen.

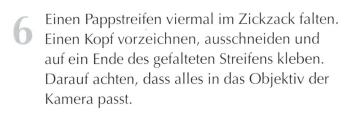

**6** Einen Pappstreifen viermal im Zickzack falten. Einen Kopf vorzeichnen, ausschneiden und auf ein Ende des gefalteten Streifens kleben. Darauf achten, dass alles in das Objektiv der Kamera passt.

**7** Den Streifen mit dem Kopf im Objektiv gut befestigen.

**8** Jetzt den Kopf bemalen: das Gesicht in Hautfarbe, die Haare werden orange, Augen und Nase schwarz und der Mund rot.

**9** Die ganze Kamera in der Lieblingsfarbe bemalen.

Die Kamera ist fertig, es darf geknipst werden.

Wenn man die Schachtel öffnet, kann man kleine Sachen darin aufbewahren.

**Variation**
Das Objektiv kann auch mit anderen kleinen Figuren verziert werden. Wenn die Kamera echter aussehen soll, wird ein Stück Plastikfolie über das Objektiv gespannt.

# Ringspiel

**Dieses Wurfspiel mit dem lustigen Elefanten macht Kindern in jedem Alter Spaß.**

1. Mit Hilfe eines großen Tellers einen Kreis auf die dicke Pappe zeichnen und ausschneiden.

2. Mit Hilfe eines kleineren Tellers die Ohren auf zwei Stücke dünne Pappe zeichnen und ausschneiden.

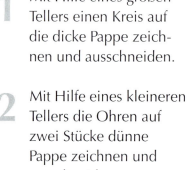

3. Die Ohren hinten am großen Kreis befestigen. Als Rüssel vorn in die Mitte die lange Papprolle kleben.

**Material**
- dicke glatte Pappe
- dünne glatte Pappe
- lange Papprolle
- Klebeband in verschiedenen Farben
- Schere
- Klebstoff
- rosa, graue, rote, orange, weiße und blaue Farbe
- Pinsel
- Filzstift
- verschieden große Teller oder Zirkel

4. In Grau den Elefanten bemalen, die Ohren rosa. Mit einem Schwamm oder Pinsel und Farben nach Wahl das Gesicht und die Bäckchen malen.

**5** Auf ein Stück dünne Pappe zwei Kreise ineinander zeichnen, einen mit 5 cm Radius, einen mit 3 cm. Den Ring ausschneiden.

**6** Den Ring mit blauem Klebeband umwickeln. Noch mehr Ringe herstellen und in anderen Farben umwickeln.

Den Elefanten auf den Boden legen oder aufhängen. Ziel des Spiels ist es, alle Ringe auf den Rüssel zu werfen. Dann ist der Nächste dran.

**Variation**
Es kann ein Spiel für eine ganze Kindergruppe hergestellt werden, wobei jedes Kind einen eigenen Ring bastelt.

# Stifthalter

**Aus Papprollen entsteht ein Halter für Stifte.
Das ist eine praktische Geschenkidee.**

1 Die drei Rollen der Länge nach aufschneiden.

2 Alle Rollen zusammenheften, sodass sie ein Kleeblatt bilden.

3 Die Rollen auf ein Pappquadrat von 12 x 12 cm kleben. Das Quadrat bildet den Fuß des Stifthalters.

4 Wenn der Klebstoff getrocknet ist, den Fuß aufmalen und rund schneiden.

### Material
- dicke glatte Pappe
- 3 kurze Papprollen
- Schere
- Klebstoff
- Hefter
- Farben
- Pinsel
- Filzstift

**5** Den Stifthalter innen und außen mit den Lieblingsfarben bemalen.

**Mit diesem praktischen Helfer sind alle Stifte immer griffbereit.**

**Variation**
Nach dem gleichen Prinzip entstehen aus kleinen Verpackungen oder Schachteln Halter für Notizzettel und Büromaterial.

# Spardose

**Wohin mit dem ersten, selbst gesparten Geld? In die selbst gemachte Spardose!**

1. Am oberen Ende einer langen Pappröhre einen breiten Schlitz anzeichnen, der groß genug ist, um eine Münze hineinzustecken. Den Schlitz ausschneiden.

2. Die Röhre blau bemalen. Wenn der Hintergrund trocken ist, mit weißen Blumen verzieren.

**Material**
- dünne Wellpappe
- dicke glatte Pappe
- dünne glatte Pappe
- 2 lange Papprollen
- Schere
- Klebstoff
- weiße, blaue, rote, grüne und gelbe Farbe
- Pinsel
- Filzstift

3. Den Kopf auf ein Stück dünne glatte Pappe zeichnen und ausschneiden. Auf die dicke glatte Pappe ein Paar Füße zeichnen und ausschneiden.

5 Für den Verschluss der Spardose ein etwa 3 cm langes Stück von der zweiten Pappröhre abschneiden. Einen breiten Streifen dünne Wellpappe aufrollen, sodass er in das Röhrenstück passt und dort festkleben.

4 Füße und Kopf der Puppe mit den passenden Farben bemalen.

6 Die Füße der Puppe unten an die blaue Röhre kleben und lange andrücken. Das Gesicht am Verschluss anbringen.

**Variation**
Die Spardose lässt sich auch als Tier gestalten, z. B. als Katze, Maus, Giraffe, Vogel ...

Die Röhre oben verschließen – und dann fleißig sparen.

59

# Schrank

**In diesem Schränkchen sind Kleinigkeiten wie Büromaterial oder Briefmarken ordentlich verstaut.**

**Material**
- dünne glatte Pappe
- 2 gleich große Schachteln
- Schere
- Klebstoff
- Farbe in verschiedenen Tönen
- Pinsel
- Filzstift
- Lineal

**1** Die beiden Schachteln an den langen Seiten passgenau zusammenkleben.

**2** Auf ein Stück Pappe die Grundrisse von einer großen und zwei kleinen Schachteln zeichnen. Dabei sollten sie in Höhe, Breite und Tiefe etwas kleiner als die zusammengeklebten Schachteln sein. Die Kinder brauchen dabei Hilfe.

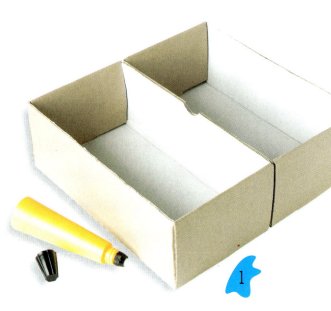

**3** Die Grundrisse ausschneiden, falten und die Kanten richtig zusammenkleben.

**4** Alle Schachteln mit Farben nach Wahl bemalen.

**Jetzt kann man die Schubladen in das Schränkchen schieben und allen Krimskrams darin aufbewahren.**

**Variation**
Man kann die Schubladen auch anders kombinieren oder ein größeres Schränkchen bauen.

# Papagei

Dieser Papagei tanzt und balanciert auf dem Bücherregal. Eine Kugel Knetmasse verleiht ihm das nötige Gegengewicht.

**Material**
- dünne glatte Pappe
- Schere
- Klebstoff
- grüne und andere Farbe
- Pinsel
- Filzstift
- Knetmasse

1 Den Körper des Papageis auf dünne glatte Pappe zeichnen und ausschneiden.

2 Auf ein weiteres Stück Pappe die beiden Flügel zeichnen.

3 Auf jeder Seite des Körpers etwas versetzt einen Flügel ankleben.

4 Den Papagei auf einer Unterlage gut deckend in Grün bemalen.

**5** Federn, Schnabel und Augen des Papageis mit verschiedenen Farben bemalen.

## Bleibt der Papagei im Gleichgewicht? Wenn nicht, muss man Knetmasse wegnehmen oder hinzufügen, bis er die Balance hält.

**6** So viel Knetmasse auf den Schwanz des Papageis setzen, dass er im Gleichgewicht bleibt, wenn man ihn an ein Regal hängt.

**Variation**
Man kann auch andere Tiere oder Figuren basteln, z. B. einen Affen, einen Clown … Wichtig ist, dass sie auch in Form eines Halbrunds gestaltet sind.

# Scherenmäppchen

**Damit sich niemand an der Schere verletzt, ist sie in diesem Mäppchen sicher verwahrt.**

**1** Auf ein Stück dünne glatte Pappe den Umriss der Schere mit etwa 1 cm Rand zeichnen und ausschneiden.

**Material**
- dünne glatte Pappe
- dünne Wellpappe
- Schere
- Hefter
- Farbe in verschiedenen Tönen
- Pinsel
- Filzstift

**2** Den Umriss als Muster für das Vorderteil aus Wellpappe verwenden. Es muss aber kürzer sein, damit die Schere oben herausschaut. Das Vorderteil ausschneiden.

**3** Das Vorderteil mit bunten Streifen verzieren.

**4** Die beiden Pappteile aufeinander legen und zusammenheften. Am oberen Ende der Mappe Augen und Nase auf die glatte Pappe malen.

Wenn jedes Kind sein eigenes Mäppchen gestaltet, sind die Scheren gut aufgeräumt und werden nicht mehr verwechselt.

**Variation**
Auch für andere Materialien wie z.B. Pinsel oder Stifte lassen sich Mäppchen basteln. Bei Form und Größe der Pappteile sollte man den Kindern helfen.

# Bilderrahmen

**Ein schöner Rahmen für Lieblingsfotos.**

**Material**
- dünne Wellpappe
- dünne glatte Pappe
- dicke glatte Pappe
- Schere
- Klebstoff
- rosa Farbe
- Pinsel
- Filzstift
- Lineal
- Wäscheklammern

1. Ein Rechteck von 25 x 20 cm auf die dicke glatte Pappe zeichnen. Das gleiche Rechteck als Rahmen auf die dünne glatte Pappe zeichnen. (Der innere Rand sollte etwas kleiner als das Foto sein.)

2. Den rechteckigen Rücken und den Rahmen sorgfältig ausschneiden.

3. Rahmen auf das Rechteck aus dicker Pappe kleben. Dabei eine lange Seite offen lassen.

4. Zwei 20 cm lange und zwei 50 cm lange Streifen Wellpappe zuschneiden.

5. Die Streifen auf den Rahmen kleben. An den langen Seiten legt man die Streifen in Wellen. Diese mit Wäscheklammern festhalten, bis der Klebstoff trocken ist.

**6** Ein Stück dicke glatte Pappe pyramidenförmig zuschneiden und als Stütze hinten auf den Bilderrahmen kleben.

**7** Zum Schluss den Bilderrahmen rosa bemalen.

Jetzt nur noch ein Lieblingsfoto aussuchen und an der langen Seite, die nicht zugeklebt ist, in den Rahmen schieben.

**Variation**
Durch Farben, aufgeklebte Muscheln, Kügelchen aus Seidenpapier usw. kann man den Rahmen beliebig verzieren.

# Stoff und Wolle

Wenn Kinder sich aufmerksam umschauen, merken sie, dass Stoffe in unserem täglichen Leben eine große Rolle spielen. Die Kunst des Webens ist schon sehr alt. Sie besteht im Prinzip darin, mehrere Fäden abwechselnd nach einem regelmäßigen Muster zu verkreuzen, sodass eine Stoffbahn entsteht. In vorgeschichtlicher Zeit lernten die Menschen mit Wolle zu weben. Nach und nach kamen andere Fasern aus ihrer Umgebung dazu, Leinen, Baumwolle oder Seide. Seit dieser Zeit werden aus gewebten Stoffen die unterschiedlichsten Dinge hergestellt, vor allem unsere Kleidung. Früher wurden dazu nur Naturfasern verwendet. Heute gibt es auch unzählige Kunstfaser- oder Synthetikstoffe, wie z. B. Nylon.

In diesem Kapitel werden zwölf einfache Bastelideen mit Stoff und Wolle vorgestellt, z. B. lustige Puppen, praktische Taschen, ein Ball ... Alle Vorschläge lassen sich mit Stoff- oder Wollresten und billigen Materialien verwirklichen. Ausgehend von diesen Anregungen fallen den Kindern bestimmt viele eigene Ideen ein, die sie mit den beschriebenen Techniken ausführen können. Zu jeder Anleitung gibt es einen Vorschlag, wie man die Bastelarbeit erweitern kann. Um den Stoff zu verarbeiten, braucht man Schere, Stopfnadel und Bastelleim oder Klebstift.

Sie finden in diesem Kapitel Anleitungen in unterschiedlichen Schwierigkeitsgraden. Je nach Entwicklungsstand der Kinder und nach Größe und Zusammensetzung Ihrer Gruppe sollten Sie sich von den Symbolen rechts oben auf jeder Doppelseite leiten lassen:

Seite 72  Vogel
Seite 86  Mäppchen
Seite 88  Wollkugelpuppe

Seite 78  Ball
Seite 92  Lesezeichen
Seite 94  Rote Raupe
Seite 96  Tasche

 **leicht**

Seite 74  Taschenhaus
Seite 76  Flechtpuppe
Seite 80  Auto mit Anhänger
Seite 84  Strumpfpuppe
Seite 90  Kissen mit Tasche

 **mittel**

 **anspruchsvoll**

# Tipps und Techniken

Mit den Bastelideen auf den folgenden Seiten werden die Kinder in die grundlegenden Techniken zur Verarbeitung von Stoff und Wolle eingeführt. Durch ganz einfache Näh- und Flechtarbeiten lernen sie den Umgang mit Nadel und Faden. Es werden grobe Stoffe und dicker Faden benutzt, damit die kleinen Schneider alles selbst machen können. Die Arbeiten lassen sich jedoch auf verschiedene Weise ausführen, Nadel und Faden werden nicht unbedingt gebraucht. Oft reicht Klebstift oder Bastelleim, um die einzelnen Teile zusammenzufügen.

Beim Nähen kann man den Kindern Hilfestellung geben, indem man ans Ende des Fadens einen Knoten macht und den Faden nach dem Einfädeln an der Nadel festknotet. So rutscht er beim Ziehen nicht heraus. Es ist besser, die Kinder mit mehreren kurzen Fäden nähen zu lassen, als mit einem langen. Dieser verknotet sich zu schnell.

Neben einfachen Näharbeiten lernen die Kinder in diesem Kapitel viele andere Techniken kennen: Sie flechten eine Wollpuppe (S. 76), arbeiten mit Bastelwatte (S. 78) oder können für ein kleines Maskottchen eine Wollkugel (Pompon) herstellen (S. 88).
Bei all diesen ersten Arbeiten mit Stoff und Wolle kommt es nicht so sehr auf das exakte, perfekte Endergebnis an. Am wichtigsten für die Kinder ist das Erfolgserlebnis, etwas selbst vollbracht zu haben. Da macht es nichts aus, wenn z. B. die Naht nicht ganz gerade ist. Für viele Kinder sind textile Materialien nicht so vertraut wie z. B. Papier oder Pappe.
Die vorgestellten Bastelarbeiten sind ideal, um die Kinder an das Gestalten mit Stoff und Wolle heranzuführen.

**Viel Spaß mit Stoff und Wolle!**

# Vogel

Aus schlichten Putztüchern entsteht ein schöner Vogel als Zimmerschmuck.

**Material**
- Schere
- Klebestift
- Filzstift
- gelbe Wolle
- ein gelbes Putztuch
- ein grünes Putztuch
- schwarzer Filzrest

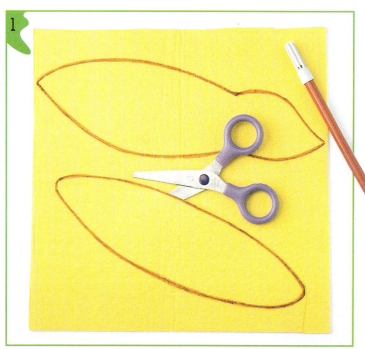

1 Mit dem Filzstift den Umriss des Körpers und der Flügel auf das gelbe Putztuch zeichnen und ausschneiden.

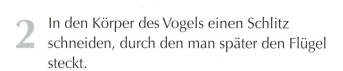

2 In den Körper des Vogels einen Schlitz schneiden, durch den man später den Flügel steckt.

3 Schwanz, Schnabel und Augen auf das grüne Tuch zeichnen (alle Teile doppelt) und ausschneiden. Dabei eventuell dem Kind helfen.

**4** Alle grünen Teile auf beiden Seiten des Körpers ankleben.

**5** Aus dem schwarzen Filz Pupillen zuschneiden und auf die Augen kleben. Ein kleines Loch in den Rücken des Vogels schneiden und einen gelben Wollfaden zum Aufhängen durchziehen.

Den Flügel durch den Schlitz stecken und fertig ist das fröhliche Mobile.

**Variation**
Nach der gleichen Anleitung lässt sich auch ein Flugzeug basteln.

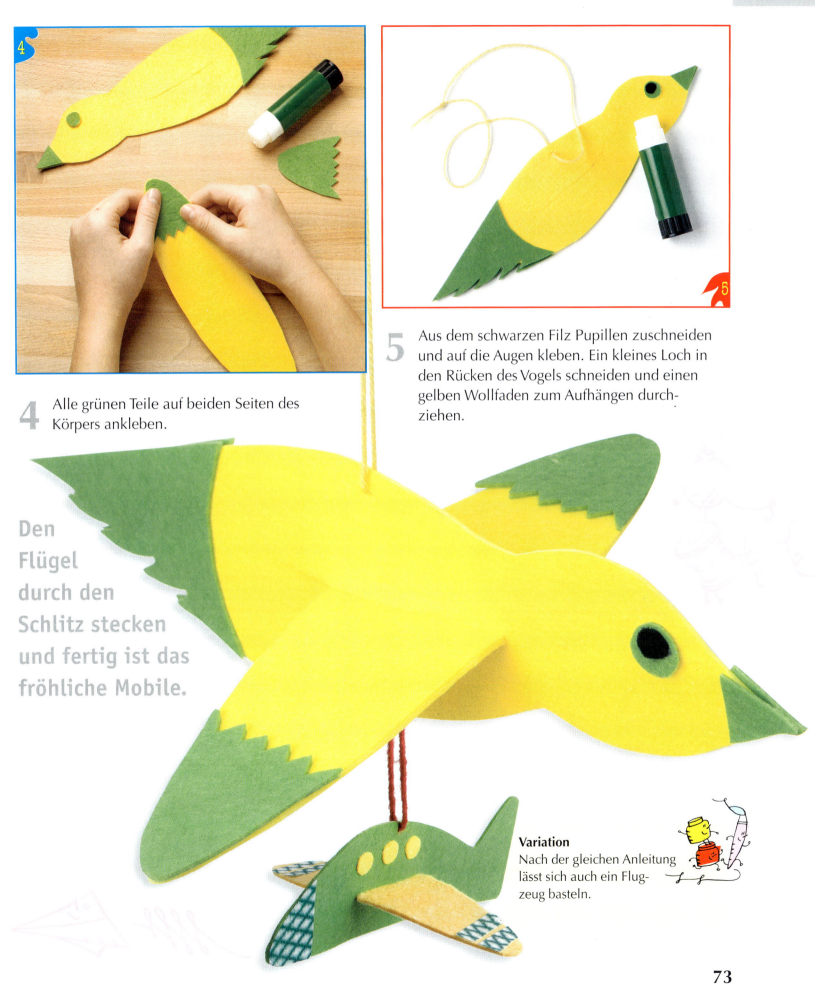

73

# Taschenhaus

**Material**
- Schere
- rotes, grünes und gelbes Garn
- Stopfnadel
- braunes, rotes, gelbes und grünes Sackleinen

Diese Haus hat viel Platz für große und kleine Dinge, z. B. Murmeln, Aufkleber, Hausschuhe …

**1** Für das Dach ein Dreieck aus dem roten Sackleinen zuschneiden. Für die Wand aus dem braunen Sackleinen ein Rechteck zuschneiden, dessen kurze Seiten so lang sind wie die untere Seite des Dreiecks.

**2** Das Dach und die Wand mit rotem Garn und der Stopfnadel zusammennähen.

**3** Für die Fenster aus dem grünen Sackleinen zwei Rechtecke zuschneiden. Dann ein gelbes Rechteck ausschneiden, das so lang ist wie der untere Teil der Wand. Die Höhe richtet sich nach den Dingen, die später in den Taschen verstaut werden. Zum Schluss vier grüne Stoffteile als Zaunlatten zuschneiden.

**4** Gelbes Garn in die Stopfnadel fädeln und die beiden Fenster annähen. Die obere Kante wird nicht zugenäht.

**5** Das gelbe Rechteck unten auf die Wand nähen, auch hier bleibt die Oberseite offen. Zum Schluss die vier grünen Streifen aufnähen, um die drei Taschen zu trennen.

**Variation**
Es können auch andere Motive genäht werden, z. B. ein Zug, ein Känguru, ein Baum …

Alles, was sonst im Weg liegt oder verloren geht, ist hier gut aufgehoben.

# Flechtpuppe

**Es ist gar nicht schwer, aus einem Strang Wolle eine lustige Puppe zu flechten.**

1 Die grüne Wolle zu einem ovalen Strang wickeln und an einem Ende mit bunter Wolle zusammenbinden. Das macht man am besten zu zweit. Das andere Ende aufschneiden.

2 Genauso wird ein kleinerer Strang aus bunter Wolle gewickelt, das werden die Haare der Puppe. Die beiden Stränge zusammenbinden.

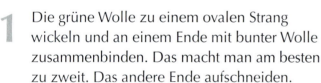

**Material**
- Schere
- Bastelleim
- schwarzer Filzrest
- ein Strang grüne Wolle
- ein Strang bunte Wolle

3 Jetzt ein Stück bunter Wolle etwa 5 cm unterhalb der Haare um die grüne Wolle legen und verknoten. So entsteht der Kopf der Puppe.

4 Für die Arme zwei Wollbündel abteilen. Um den mittleren Strang ein Stück grüne Wolle legen und festknoten, das ist der Gürtel der Puppe. Dann die restliche Wolle in zwei Stränge für die Beine teilen.

**5** Arme und Beine wie einen Zopf flechten und die Enden zubinden.

**6** Aus schwarzem Filz zwei Augen schneiden und in das Gesicht der Puppe kleben. Zum Schluss die Haare in Form schneiden.

**Variation**
Einfacher geht der Tintenfisch, aus nur einem Strang Wolle: Den Kopf abbinden, acht Arme flechten, Augen darauf, fertig.

Fertig ist die Flechtpuppe. Jetzt fehlt ihr nur noch ein passender Name.

# Ball

Für diesen weichen Ball benötigt man nur einige Strümpfe und Bastelwatte. Er ist ein tolles Spielzeug für die ganz Kleinen.

**Material**
- Schere
- verschiedenfarbige Strümpfe oder Strumpfhosen
- Bastelwatte

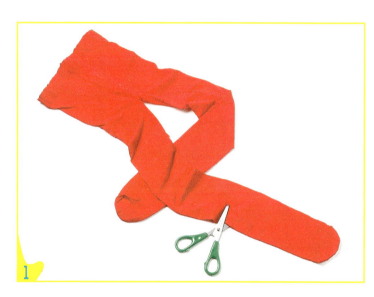

**1** Die Strumpfhose unter den Knien abschneiden.

**2** Den Fuß mit Bastelwatte ausstopfen, bis eine schöne, feste Kugel entsteht.

**3** Das überstehende offene Ende abschneiden, sodass ein runder Ball entsteht.

**4** Die übrigen Strümpfe an einigen Stellen zusammenkneifen und Löcher hineinschneiden.

**5** Den Ball in einen zweiten Strumpf stecken und das überstehende Stück abschneiden.

**6** Genauso mit den anderen Strümpfen verfahren, bis der Ball schön bunt ist.

Wer spielt mit beim Werfen und Fangen? Und wer trifft ins Tor?

**Variation**
Statt Strümpfen können auch alte Wollstrumpfhosen verwendet werden, mit denen die ganz Kleinen besser zurechtkommen.

# Auto mit Anhänger

**Mit dieser lustigen Bastelei bekommen die Kinder ein neues Automodell für ihre Sammlung.**

1. Auf das Tonpapier den Umriss eines Autos zeichnen und ausschneiden. Dabei sollte ein Erwachsener helfen.

**Material**
- Schere
- Stopfnadel
- Filzstift
- Bastelleim
- grünes Schwammtuch
- orangefarbenes Schwammtuch
- rote Wolle
- schwarzer Filz
- orangefarbener Filz
- 2 Bogen Tonpapier

2. Das Tonpapier als Schablone verwenden. Auf das grüne Schwammtuch zweimal den Umriss des Autos übertragen, sodass dazwischen ein 6 cm breiter, 35 cm langer Streifen liegt. Die ganze Figur ausschneiden.

3. Das Auto mit roter Wolle zusammennähen.

**4** Auf den schwarzen Filz fünf Fenster zeichnen – vier Seitenfenster und die Windschutzscheibe – und ausschneiden. Auf den orangefarbenen Filz zwei Scheinwerfer zeichnen und ausschneiden.

**5** Die Einzelteile an den richtigen Stellen auf das Auto kleben.

**6** Für die Räder je vier Streifen aus Filz zuschneiden. Die orangefarbenen Streifen mit 1,5 x 25 cm. Die schwarzen Streifen mit 1,5 cm x 20 cm. Die schwarzen Streifen auf die orangefarbenen legen und aufrollen. Das Ende mit Bastelleim festkleben.

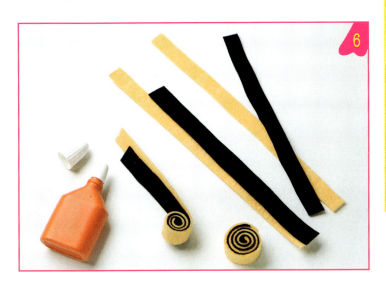

**7** Zum Schluss die vier Räder mit Bastelleim an das Auto kleben.

**8** Den Umriss des Anhängers auf ein Stück Tonpapier zeichnen. Die Grundfläche muss 8 x 5 cm groß sein, die Seiten sind 4 cm hoch. Die Schablone ausschneiden.

**9** Den Umriss des Anhängers auf ein grünes Schwammtuch übertragen und ausschneiden.

**10** Einen 26 cm langen, 1 cm breiten Streifen aus orangefarbenem Filz zuschneiden und an die vier Seiten des Anhängers kleben.

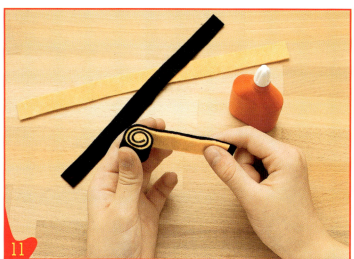

**11** Die beiden Räder des Anhängers wie in Schritt 6 basteln. Hier sind die Streifen etwas kürzer, damit die Räder kleiner werden, und der orangefarbene Streifen wird auf den schwarzen gelegt.

**12** Mit der Stopfnadel ein Loch in das hintere Ende des Autos stechen und in die Vorderseite des Anhängers. Ein Stück rote Wolle durch beide Löcher fädeln und an den Enden verknoten.

**Los geht's zur Spazierfahrt mit der Lieblingspuppe im Anhänger.**

**Variation**
Man kann das Auto mit vielen Extras ausstatten, z. B. mit einer Plane, dem Nummernschild, einer Antenne …

# Strumpfpuppe

**Hier wird eine alte Socke zu neuem Leben erweckt. Als liebenswerte Handpuppe schneidet sie lustige Grimassen.**

1. Die Socke an der Spitze einschneiden. Der Schnitt sollte etwa 3 cm tief sein.

2. Aus rotem Filz ein etwa 8 cm langes Oval zuschneiden.

**Material**
- Socke
- Schere
- rotes Garn
- Nähnadel
- roter Filz
- schwarzer Filz
- Watte
- doppelseitiges Klebeband

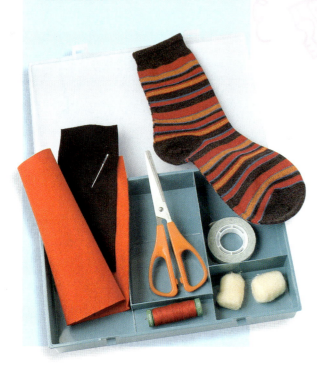

3. Die Socke umstülpen und das rote Filzstück in die Öffnung nähen. (Man kann es auch ankleben.) Das ergibt den Mund der Puppe.

**4** Die Augen aus schwarzem Filz schneiden und auf zwei Wattebäusche kleben.

**5** Zum Schluss die Watte mit doppelseitigem Klebeband gegenüber der Ferse, oberhalb des Mundes auf der Handpuppe befestigen.

**Diese Handpuppe tröstet traurige Kinder, animiert zum Spielen und Sprechen und ist für jeden Spaß zu haben.**

**Variation**
Mit Wollkugeln in verschiedenen Farben bekommt die Puppe eine witzige Frisur.

# Mäppchen

**Stifte, Schere und Lineal sind gut verstaut in diesem Mäppchen zum Aufwickeln.**

**Material**
- Schere
- Hefter
- 70 cm Schnur
- 40 x 40 cm großes gelbes Staubtuch
- grünes Staubtuch
- Lineal
- Filzstift

**1** Eine Seite des gelben Staubtuchs 10 cm einschlagen und 16 je 1,5 cm lange Schlitze in die Kante schneiden. Zwischen den einzelnen Schnitten 2 cm freilassen.

**2** Vom grünen Tuch einen Streifen abschneiden (1,5 x 45 cm).

**3** Den grünen Streifen abwechselnd oben und unten durch die Schlitze führen.

**4** Den Streifen an den Kanten des Tuchs anheften.

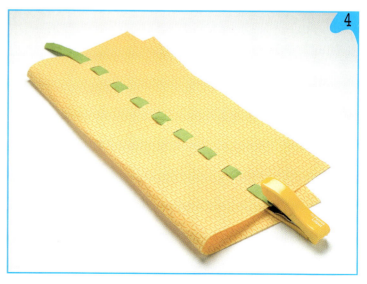

5. Zwei kurze Schlitze in das Ende des Streifens schneiden, dort die 70 cm lange Schnur einfädeln und ein Ende verknoten.

6. Die Stifte hineinstecken, das Staubtuch aufrollen und einfach mit der Schnur verschließen.

Schon die Kleinsten bewältigen diese praktische Bastelidee. Sie ist eine gute Vorübung für das Weben.

**Variation**
Die Schnur kann durch einen Knopf ersetzt werden, auf diese Weise lernen die Kinder gleich einen Knopf anzunähen.

# Wollkugelpuppe

**Diese kleine Wollpuppe ist kuschelig weich und begleitet die Kinder überall hin.**

**Material**
- Schere
- Pappe
- Bastelleim
- Wolle in zwei Blautönen
- Filzstift
- hautfarbener Filz
- schwarzer Filz
- weißer Filz

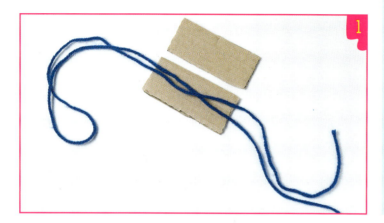

1. Zwei 5 cm breite, 8 cm lange Pappstreifen zuschneiden. Dann ein Stück blaue Wolle auf 40 cm Länge abschneiden, in der Mitte zusammenlegen und zwischen die Pappstreifen klemmen.

2. Beide Sorten blaue Wolle um die Pappstreifen wickeln. Je mehr Wolle man aufwickelt, desto dichter wird der Pompon.

3. Die beiden Enden des langen Wollfadens, die aus den Pappstreifen herausragen, fest und stramm verknoten.

4. Die Pappe herausziehen und die Wolle oben aufschneiden. So erhält man die Wollkugel.

Hoffentlich findet der kleine Kerl schnell ein paar andere wollige Freunde zum Spielen!

**5** Auf ein schwarzes und ein weißes Stück Filz die Augen zeichnen, auf das hautfarbene Stück Filz die Nase und zwei Füße. Alles ausschneiden. Mit der Schere ein kleines Loch in die Mitte der Füße stechen.

**6** Augen und Nase auf den Pompon kleben. Zum Schluss durch jeden Fuß ein Ende des langen Wollfadens fädeln und festknoten.

**Variation**
Man kann Wolle in verschiedenen Farben benutzen, die Größe verändern, mehrere Wollkugeln zusammenfügen …

# Kissen mit Tasche

Ein gemütliches Kissen mit nützlicher Tasche, z. B. für den Schlafanzug, ein Stofftier oder eine Überraschung vor dem Schlafengehen.

**Material**
- Schere
- grünes und gelbes Baumwollgarn
- Stopfnadel
- Lappen aus grobem Stoff (2 rote und 1 gelber)
- Bastelwatte

1 Zwei rote Lappen mit der Stopfnadel und dem gelben Baumwollgarn an drei Seiten zusammennähen.

2 Den Überzug mit Bastelwatte füllen, sodass es ein bequemes Kissen ergibt.

3 Die letzte offene Seite mit grünem Baumwollgarn zunähen.

**4** Für die Tasche den gelben Lappen in der Mitte zusammenfalten, sodass das Kissen dazwischen liegt, und mit grünem Baumwollgarn festnähen.

## Vielleicht liegt außer dem Pyjama abends eine Überraschung in der Tasche?

**Variation**
Ein Verschluss mit Knopf für die Tasche ist auch schnell angenäht.

# Lesezeichen

Mit diesem Lesezeichen ist die Lieblingsgeschichte im Vorlesebuch immer schnell gefunden.

**Material**
- Schere
- schwarzer Filzstift
- Klebestift
- Jeansstoff
- gemustertes Putztuch aus Baumwolle
- schwarzer Filz
- orangefarbener Filz
- Fotokarton
- Lineal

1 Einen 25 cm langen und 8 cm breiten Streifen aus Fotokarton zuschneiden.

2 Auf das Putztuch ein Hemd zeichnen, auf den Jeansstoff eine Hose. Beide Teile sauber ausschneiden.

3 Aus einem Stück schwarzen Filz die Haare und die Schuhe zuschneiden und aus dem orangefarbenen Filz das Gesicht.

4 Alle ausgeschnittenen Teile als Figur auf den Pappstreifen kleben.

**5** Mit der Schere den Umriss der Figur ausschneiden und die Hände rund schneiden. Zum Schluss ein Gesicht aufmalen.

Dieses Lesezeichen ist ein schönes Geschenk für Verwandte und Freunde.

**Variation**
Man kann die Figur auch als Dekoration ins Regal setzen oder -stellen, sie anders anziehen oder sich weitere Figuren ausdenken.

# Rote Raupe

**Mit wenigen Handgriffen und ohne Nähen entsteht ein lustiges Stofftier zum Kuscheln und Knautschen.**

**Material**
- Schere
- Stopfnadel
- Klebstift
- rote Strumpfhose
- rote Wolle
- schwarzer Filz
- weißer Filz
- Bastelwatte
- schwarzer Filzstift

1. Die Strumpfhose am Knie abschneiden und mit Bastelwatte gut ausfüllen. Das offene Ende verknoten.

2. Mit roter Wolle die Glieder der Raupe abbinden. Es sollten fünf bis sechs breite Glieder sein und ein kleines für die Nase.

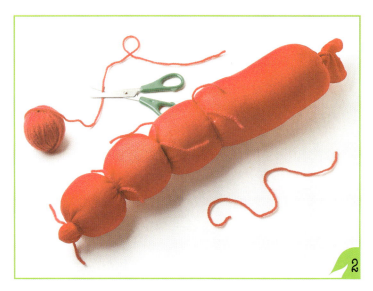

3. Aus weißem und schwarzem Filz die Augen der Raupe zuschneiden. Danach für die Flecken vier größere Kreise aus schwarzem Filz zuschneiden.

**4** Die Augen auf den Kopf und die Flecken auf den Körper der Raupe kleben.

**5** Für die Fühler ein Stück schwarzen Filz aufrollen und mit roter Wolle umwickeln.

**6** Dann die Fühler mit der Stopfnadel am Kopf der Raupe festnähen. Dabei kann ein Erwachsener helfen.

## Gemütlich kriecht die Raupe über den Boden und lädt ein zum Kuscheln.

**Variation**
Als gemeinsame Arbeit kann eine unglaublich lange Raupe aus vielen verschiedenen Strümpfen gebastelt werden.

95

# Tasche

Für diese Umhängetasche braucht man nur etwas Filz, Wolle, Nadel und Schere.

**Material**
- Schere
- schwarzer Filzstift
- blauer Filz
- gelber Filz
- schwarze Wolle
- Lineal
- Nadel

1 Zwei 25 cm breite Filzstreifen (einen blauen und einen gelben) zuschneiden. Der blaue wird 70 cm lang, der gelbe nur 40 cm.

2 Mit dem Filzstift an beiden langen Seiten der Streifen alle 2 cm einen Punkt anzeichnen.

3 Mit der Spitze der Schere an jedem Punkt ein kleines Loch schneiden. Das geht leichter, wenn man den Rand des Filzstücks mit den Fingern zusammenkneift.

4 Den blauen Filzstreifen in der Mitte falten und den gelben Streifen darüber legen. Mit schwarzer Wolle die Ränder zusammennähen.

**5** Neun Wollfäden zuschneiden, an einem Ende verknoten und einen Zopf flechten.

**6** Den Zopf an den beiden oberen Löchern in der Tasche befestigen.

**In dieser Tasche mit zwei Außenfächern kann man alles mitnehmen, was man braucht.**

**Variation**
Ältere Kinder können ein Filzband an die Tasche nähen. Es hält das Gewicht besser.

# Holz und Kork

Flaschenkorken, Wäscheklammern, Zahnstocher, Holzlöffel – die Materialien Holz und Kork begegnen uns im täglichen Leben in vielerlei Gestalt. Holz ist das feste, kompakte Gewebe von Bäumen. Je nach Baumart hat es sehr unterschiedliche Eigenschaften. Kork hingegen wird aus der Rinde der Korkeiche gewonnen. Alle acht bis zwölf Jahre wird der Kork in Platten vom Stamm geschält.

In diesem Kapitel werden Bastelideen vorgestellt, die man mit alltäglichen Utensilien, z. B. mit Korken und Holzwäscheklammern und mit Material aus dem Bastel- oder Holzbedarf basteln kann. Als Werkzeug werden Schere oder Bastelmesser, Klebstoff und Bohrer benötigt. Ganz ohne Sägen und Nageln entstehen so etwa ein Dominospiel, eine Marionette, Puppenmöbel ... Zu jeder Anleitung gibt es einen Vorschlag, wie man die Bastelarbeit erweitern und abwandeln kann.

Sie finden in diesem Kapitel Anleitungen in unterschiedlichen Schwierigkeitsgraden. Je nach Entwicklungsstand der Kinder und nach Größe und Zusammensetzung Ihrer Gruppe sollten Sie sich von den Symbolen rechts oben auf jeder Doppelseite leiten lassen:

| | |
|---|---|
| Seite 108 | Domino |
| Seite 110 | Puppenstube |
| Seite 118 | Lustiges Besteck |
| Seite 122 | Untersetzer |

| | |
|---|---|
| Seite 102 | Landschaft aus Holz |
| Seite 104 | Schaukelente |
| Seite 106 | Kasten |
| Seite 120 | Korkpferdchen |
| Seite 124 | Storch |
| Seite 126 | Mappe |

| | |
|---|---|
| Seite 114 | Drahtfigur |
| Seite 116 | Rassel |

 **leicht**

 **mittel**

 **anspruchsvoll**

# Tipps und Techniken

Holz und Kork sind Naturmaterialien. Kinder mögen das Material, weil sich die Oberfläche weich und warm anfühlt. Holz und Kork sind stabiler als z. B. Pappe, deshalb muss beim Zerschneiden oder Bohren vielleicht ein Erwachsener helfen.

### Material und Bezugsquellen
Korkplatten und Streifen aus weichem Balsaholz erhält man im Holzfachbedarf und im Modellbauhandel. Flaschenkorken muss man einfach sammeln. Holzwäscheklammern gibt es im Haushaltswarenbedarf.

### Arbeitsplatz und Kleidung
Man sollte auf einer Unterlage aus Zeitungen und mit einem alten Hemd arbeiten, damit kein Leim oder Farbe an die Kleidung gelangt.

### Teile zusammenfügen
Mit Holzleim die Stellen bestreichen, Teile zusammendrücken und ein paar Minuten gut halten.

### Bemalen
Kork und Holz wird deckend mit Plakatfarben bemalt. Wenn man die Bastelarbeiten lackiert, ist die Oberfläche haltbarer. Am besten verwenden die Kinder dafür einen breiten Haarpinsel.

### Schneiden
Dünne Korkplatten kann man mit der Schere schneiden, ältere Kinder können ein Bastelmesser benutzen.

# Landschaft aus Holz

**Diese Landschaft aus naturbelassenen Holzstreifen ist ein schöner Schmuck für das Fensterbrett.**

1. Auf einen Holzstreifen den Stamm und die Äste eines Baumes zeichnen.

2. Den Stamm mit der Schere oder dem Bastelmesser ausschneiden und unten einige grüne Zahnstocher ankleben.

**Material**
- dünne Balsaholzstreifen
- flache grüne Zahnstocher
- Holzwäscheklammern
- Filzstift
- Holzleim
- Schere

3. Auf den Holzstreifen Blätter zeichnen, ausschneiden und auf die Äste kleben.

4. Eine Wäscheklammer auseinander nehmen und ohne das Metallstück wieder zusammenkleben.

102

**5** Die Wäscheklammer hinten an den Baum kleben, damit er stehen bleibt.

**6** Andere Umrisse aufzeichnen (Blumen, Kaninchen …) und genau wie beim Baum verfahren, so entstehen weitere Figuren für die Landschaft.

Die Landschaft kann beliebig erweitert werden, z. B. mit Vögeln, Häusern …

**Variation**
Man kann das Holz bunt bemalen. Wenn man keine flachen grünen Zahnstocher bekommt, bemalt man sie selbst.

103

# Schaukel-ente

**Diese Ente wippt lustig auf und ab, wenn man sie anstößt.**

**Material**
- runde Korkscheibe (10 cm Durchmesser)
- dünnes Korkblatt
- orange, weiße und grüne Farbe
- runde Zahnstocher
- Filzstift
- Schere
- Pinsel

1. Auf das dünne Korkblatt den Kopf und den Schwanz der Ente zeichnen und sauber ausschneiden.

2. Den Schnabel orange bemalen, das Auge weiß und grün und die Schwanzspitze weiß.

3. Die runde Korkscheibe halbieren.

**4** Für den Körper auf jede Hälfte mit weißer Farbe einen Flügel zeichnen.

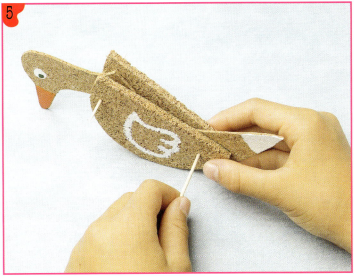

**5** Mit zwei Zahnstochern Löcher in alle Teile bohren (Kopf, Schwanz und Körper) und die Teile so zusammenstecken, dass dazwischen immer etwas Spielraum bleibt. Dabei sollte ein Erwachsener helfen.

**6** Zuletzt die überstehenden Spitzen der Zahnstocher abschneiden.

## Fertig ist die Schaukelente!

**Variation**
Genauso lassen sich auch andere Figuren basteln, z. B. ein Schiff, ein Auto …

105

# Kasten

Eis am Stiel schmeckt gut und wer die Stiele sammelt, kann sich ein schönes Kästchen bauen.

**Material**
- Eisstiele
- einen großen Flaschenkorken
- orange und grüne Wasserfarbe
- Holzleim
- Pinsel
- Bastelmesser

1 20 Eisstiele grün und 20 orangefarben bemalen, die restlichen 20 bleiben unbemalt.

2 Für den Boden des Kästchens zwei orangefarbene Stäbchen parallel legen und elf Stäbchen in wechselnden Farben wie auf dem Bild darauf kleben.

3 Den Deckel genauso basteln.

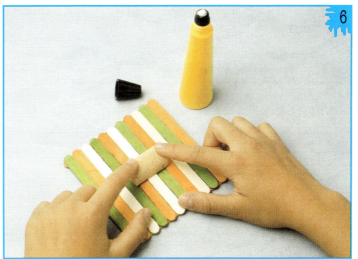

**4** Für die vier Wände Eisstiele in wechselnden Farben wie auf dem Foto aufeinander kleben.

**5** Den Flaschenkorken der Länge nach durchschneiden. Dabei muss ein Erwachsener helfen.

**6** Eine Hälfte des Korkens als Griff auf den Deckel des Kästchens kleben.

**Variation**
Man kann das Kästchen auch mit sechseckigem oder dreieckigem Grundriss basteln.

Hier ist Platz für wichtige Kleinigkeiten.

# Domino

**Dieser Klassiker unter den Spielen ist aus Kork und Reißnägeln schnell gebastelt.**

**Material**
- 5 mm dicke Korkblätter
- 1 cm breite Balsaholzstreifen
- Reißnägel in verschiedenen Farben
- Schere/Bastelmesser
- Filzstift
- Holzleim
- Lineal

1 Auf ein Korkblatt Rechtecke von 5 x 10 cm Seitenlänge zeichnen.

2 Die Rechtecke mit der Schere oder dem Bastelmesser ausschneiden.

3 Die Holzstreifen auf je 5 cm Länge zuschneiden.

**4** Die Streifen mit Holzleim genau in die Mitte der Dominosteine kleben.

**5** Die bunten Reißnägel in die Dominosteine stecken, sodass die richtigen Zahlen entstehen. Für jede Zahl eine andere Farbe verwenden.

Beim Domino lernen die Kinder erstes Zählen.

**Variation**
Statt Reißnägel kann man auch mit Wachsmalstiften geometrische Figuren auf die Korkscheiben malen und sie dann mit Klarlack überziehen.

# Puppenstube

**Mit Geduld und Fantasie entstehen ganz verschiedene Miniaturmöbel. Damit kann man ein ganzes Puppenhaus einrichten.**

**Material**
- Holzwäscheklammern
- kleine Flaschenkorken
- große Flaschenkorken
- runde Korkscheibe (20 cm Durchmesser)
- Farbe in verschiedenen Farbtönen
- flache Zahnstocher
- Eisstiele
- Holzleim
- Pinsel

1. Um einen Sessel zu bauen, nimmt man elf Wäscheklammern auseinander und klebt sie ohne das Metallstück wieder zusammen.

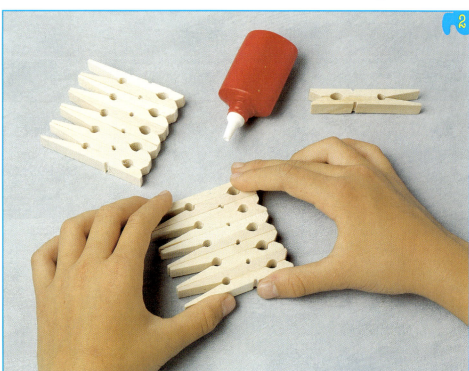

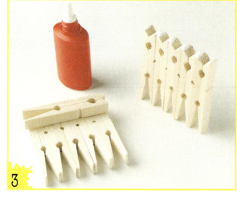

2. Für die Rückenlehne braucht man fünf Klammernpaare und noch einmal fünf für den Sitz.

3. Die letzte Wäscheklammer oben auf den Sitz kleben und darauf die Rückenlehne leimen.

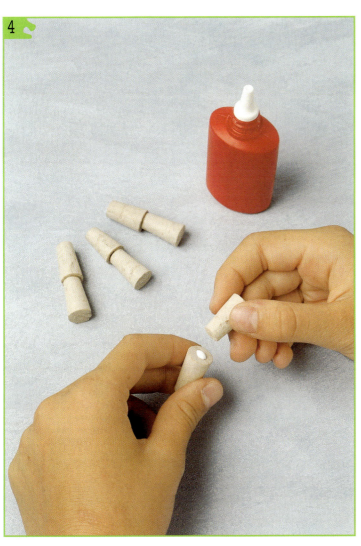

**4** Für die vier Stuhlbeine jeweils zwei kleine Flaschenkorken zusammen kleben.

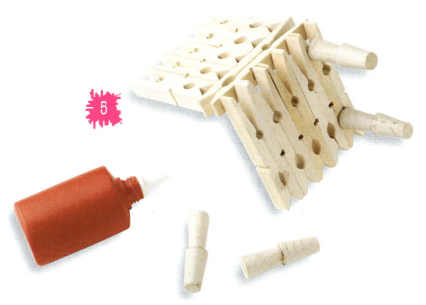

**5** Die vier Beine unten an den Sitz leimen.

**6** Für die Tischbeine klebt man auf die gleiche Weise dreimal je drei große Flaschenkorken zusammen.

**7** Die runde Korkscheibe ergibt die Tischplatte. Mit weißer und roter Farbe eine hübsche Tischdecke darauf malen.

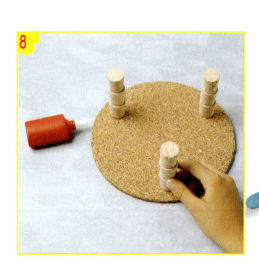

**8** Die drei Tischbeine auf die Unterseite der Korkscheibe kleben. Gut andrücken und kurz festhalten.

**9** Für das Regal acht Eisstiele mit blauer Farbe bemalen.

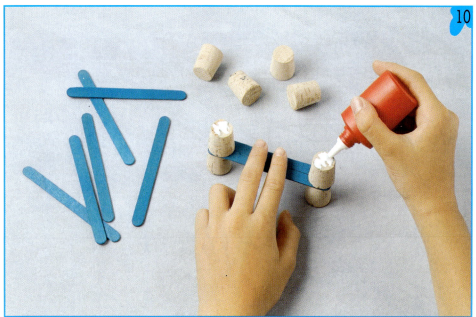

**10** Jeweils zwei Eisstiele nebeneinander auf das kleinere Ende von zwei Flaschenkorken kleben.

**11** Weitere Korken und Stiele darauf setzen, bis man ein Regal mit vier Brettern hat.

**12** Für den Blumentopf sieben flache Zahnstocher grün bemalen und sieben rot.

**13** Alle Zahnstocher in einen großen Flaschenkorken stecken. Fertig ist der Blumentopf.

In dieser neuen Einrichtung fühlen sich die Puppen bestimmt wohl.

**Variation**
Man kann die Wohnung komplett einrichten: ein Bett, eine Lampe, ein Teppich …

# Drahtfigur

**Stabil und doch beweglich ist dieser kleine Mann aus Draht.**

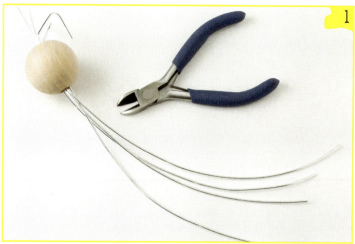

1. Vier 25 cm lange Drahtstücke zuschneiden, durch die Holzkugel führen und die Enden leicht umbiegen. Dabei sollte ein Erwachsener helfen.

2. Kleine Korkstückchen in die Bohrung stecken, damit die Drähte sich nicht bewegen können.

**Material**
- gebohrte Holzkugel
- kleine und mittelgroße Flaschenkorken
- runde Korkscheibe (10 cm Durchmesser)
- dünnes Korkblatt
- Draht
- Farbe in verschiedenen Farbtönen
- Schere
- mehrere Pinsel
- Holzleim
- Zange

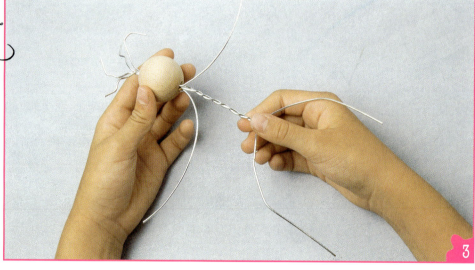

3. Für die Arme zwei Drahtstücke zur Seite biegen und die anderen beiden miteinander verdrehen – sie bilden den Körper.

4. Die schmalen Enden von vier Flaschenkorken (2 kleinere für die Hände, 2 größere für die Füße) grün anmalen.

**5** Die beiden kleinen Korken als Hände fest an die Enden der Arme stecken. Die mittelgroßen Korken bilden die Füße und werden an die Beine gesteckt

**6** Die Füße der Figur auf die runde Korkscheibe kleben.

**7** Das Gesicht nun nach Geschmack bemalen.

**Variation**
Mit mehr Holzkugeln und Korken, die man auf verschiedene Weise verbindet, entstehen andere Figuren.

Dieser kleine Akrobat ist unglaublich beweglich.

# Rassel

**Diese lustige Rassel klingelt, wenn man sie über den Boden rollen lässt.**

**Material**
- rote, blaue und gelbe flache Zahnstocher
- 2 runde Korkscheiben
- Glöckchen
- Holzleim
- Filzstift
- evtl. dicke Nadel

1. Mit dem Filzstift 20 Punkte rund um eine der beiden Korkscheiben anzeichnen.

2. In jeden Punkt einen Zahnstocher stecken, dabei die drei Farben abwechseln.

4. Die andere Korkscheibe oben auf die Zahnstocher legen und vorsichtig festdrücken. Eventuell die Löcher mit einer dicken Nadel vorbohren.

3. Das Glöckchen auf die Korkscheiben legen.

**5** Die Außenseiten der Korkscheiben mit einem Quadrat aus Zahnstochern verzieren.

**6** Zum Schluss ein Kreuz aus gelben Zahnstochern in das Quadrat kleben.

Wie in einem Laufrad rollt das Glöckchen und klingelt.

**Variation**
Man kann die Korkscheiben auch bemalen oder mit anderem Material (Reißnägel, Papier ...) verzieren.

# Lustiges Besteck

**Vorhang auf und Bühne frei für ein Theaterstück mit Löffel und Gabel!**

1. Den Stiel des Löffels rot und den der Gabel grün bemalen.

2. Mit der Fingerspitze weiße Farbe auf den Löffel tupfen. Mit dem Pinsel weiße Streifen auf die Gabel malen und mit roten Streifen verzieren.

**Material**
- Holzlöffel
- Holzgabel
- kleine Flaschenkorken
- Farbe (grün, rot, weiß, orange, schwarz)
- Holzleim
- mehrere Pinsel

3. Für die Haare die Spitze des Löffels grün bemalen und die Zinken der Gabel orangefarben.

4. Jetzt noch die Gesichter aufmalen – freundliche Augen, Bäckchen und Mund.

**5** Das schmale Ende von zwei kleinen Flaschenkorken rot bemalen.

**6** Wenn die Farbe getrocknet ist, einen Korken als Nase auf den Löffel kleben, den anderen auf die Gabel.

**Variation**
Man kann eine ganze Familie aus verschieden großen Löffeln und Gabeln basteln.

Jetzt können Herr Löffel und Frau Gabel tausend Abenteuer erleben.

# Korkpferdchen

**Flaschenkorken eignen sich nicht nur für Weinflaschen. Mit etwas Fantasie kann man originelle Tiere basteln.**

**Material**
- große Flaschenkorken
- kleine Flaschenkorken
- runde Zahnstocher
- grüne und weiße Farbe
- Schere
- Pinsel

1 Die Spitzen eines Zahnstochers abschneiden und in einen großen Korken stecken. Das ist der Kopf mit Ohren.

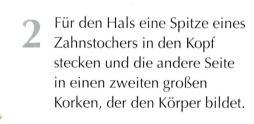

2 Für den Hals eine Spitze eines Zahnstochers in den Kopf stecken und die andere Seite in einen zweiten großen Korken, der den Körper bildet.

3 Für den Schwanz die Spitze eines Zahnstochers abschneiden und in einen kleinen Korken stecken. Das Ganze auf den Körper setzen.

4 Für die Beine je einen Zahnstocher in vier kleine Korken stecken und dann mit dem Körper verbinden.

**5** Das Gesicht des Pferdchens malen: die Ohrenspitzen grün und die Augen weiß und grün.

**6** Eine grüne Satteldecke auf den Rücken des Pferdchens malen und mit weißen Punkten verzieren.

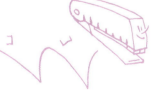

Wer noch mehr Tiere bastelt, hat bald eine große Herde!

**Variation**
Je nach Bemalung entstehen verschiedene Tiere, z. B. eine Giraffe, ein Zebra …

121

# Untersetzer

**Aus ganz normalen Wäscheklammern kann man einen praktischen Untersetzer basteln.**

**Material**
- Holzwäscheklammern
- rote, grüne und weiße Farbe
- Holzleim
- Zahnbürste
- mehrere Pinsel

**1** Bei 19 Wäscheklammern das Metallstück entfernen. Dabei sollte ein Erwachsener helfen.

**2** Je zwei Klammernteile mit Holzleim Rücken an Rücken passgenau zusammenkleben wie auf dem Bild.

**3** Wenn der Leim getrocknet ist, die Klammernteile zu einem Stern zusammenkleben und gut trocknen lassen.

**4** Das Ganze auf beiden Seiten mit roter Farbe bemalen. Wenn diese trocken ist, mit der Zahnbürste grüne und weiße Farbe darauf spritzen.

**5** Zum Schluss wird der Untersetzer mit grünen, weißen und roten Ringen verziert.

## Diesen Untersetzer kann man für alle heißen Gegenstände benutzen.

**Variation**
Man kann den Untersetzer auch mit Wasserfarben bemalen oder ihn nur mit Klarlack überziehen.

123

# Storch

**Mit dieser einfachen Marionette können schon die Kleinen spielen.**

**1** Zwei grüne Reißnägel als Augen in eine mittelgroße Korkkugel stechen. Mit dem Filzstift die Pupillen aufmalen.

**Material**
- 2 mittelgroße Korkkugeln
- 2 kleine Korkkugeln
- flache Zahnstocher
- Schnur
- grüne und braune Reißnägel
- schwarzer, wasserfester Filzstift
- Holzwäscheklammern
- grüne, rote und orange Wasserfarbe
- Schere
- Holzleim
- Pinsel
- Lineal

**2** Als Schnabel einen rot bemalten Zahnstocher zwischen die beiden Reißzwecken setzen.

**3** In die zweite mittelgroße Kugel drei grün bemalte Zahnstocher als Schwanz stecken.

**4** In die beiden kleinen Kugeln je drei orange bemalte Zahnstocher für die Füße stecken.

**5** Für die Beine zwei Stücke Schnur von 15 cm zuschneiden, ein 10 cm langes Stück für den Hals und zwei Stücke von 20 cm zum Aufhängen der Marionette.

**6** Die Schnüre mit braunen Reißnägeln an den entsprechenden Kugeln (Körper, Füße und Kopf) befestigen.

**7** Zwei Wäscheklammern auseinander nehmen. Je zwei Teile zu einem langen Stück zusammenkleben und über Kreuz zusammenleimen.

**8** Die am Kopf und am Körper ansetzenden Schnüre mit grünen Reißzwecken am Holzkreuz festmachen.

Mit ein bisschen Übung kann der Storch tanzen!

**Variation**
Die Schnur kann durch einen Schaschlikspieß ersetzt werden. So entsteht ein unbeweglicher Storch als Dekoration.

# Mappe

**Aus zwei Holzplatten entsteht eine hübsche Mappe, z. B. für selbst gemalte Bilder.**

**Material**
- dünne Sperrholzplatten 24 x 32 cm
- schwarzes, rundes Gummiband
- Plakatfarbe (rot, orange)
- mehrere Pinsel
- Bohrer
- Filzstift
- Schere
- Lineal

1 An einer langen Seite jedes Holzbretts mit dem Filzstift alle 2 cm einen Punkt anzeichnen und dann mit dem Bohrer die Löcher bohren.

2 Bei einem Brett in die Mitte der kurzen Seiten jeweils ein Loch und zwei weitere Löcher in die Mitte der anderen langen Seite bohren.

3 Die Außenseite des Deckels orangefarben bemalen.

**4** Wenn die Farbe trocken ist, die Platte mit rosa Streifen oder anderen Mustern verzieren.

**5** Die beiden Teile der Mappe an der Seite verbinden, indem man das Gummiband durch die Löcher fädelt.

**6** Ein zweites Stück Gummiband als Verschluss diagonal durch die übrigen Löcher fädeln. Die Enden verknoten, damit das Gummi nicht wieder herausrutscht.

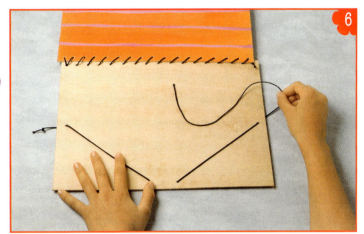

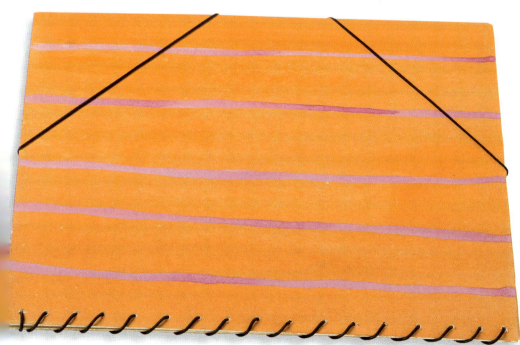

## Jetzt kann man die schönsten Bilder sicher aufbewahren.

**Variation**
Man kann den Deckel der Mappe auch mit Wachsmalstiften bemalen und dann mit Klarlack überziehen.

# Ton

Ton ist ein fein zerkleinertes Urgestein das im Laufe vieler Millionen Jahre durch Witterungseinflüsse zersetzt wurde. Die Farbe des Tons hängt ab von der Gesteinsart. Ton ist ein weiches, mit den Händen formbares Material und deshalb ideal für Kinder. Sie können in aller Ruhe ausprobieren, wieder verändern oder neu beginnen, bis sie mit dem Ergebnis zufrieden sind. Dabei entfalten sich Kreativität und Fantasie. Modellieren mit Ton ist ein Erlebnis für alle Sinne.

Die Modelliervorschläge mit Ton in diesem Kapitel lassen sich mit einfachen Grundtechniken verwirklichen: flache Platten oder Würste ausrollen, eine Figur ausschaben, Kugeln formen … Auf diese Weise entstehen z. B. ein Drache, Fingerpuppen und ein Windlicht. Die Kinder brauchen dazu nur ihre Hände und einfaches Modellierwerkzeug: Plastikmesser, Drahtschlinge und Spatel. Statt Spatel kann auch ein Stück Holz, ein Löffelstiel oder eine Gabel verwendet werden. Zu jeder Anleitung gibt es einen Vorschlag, wie man die Bastelarbeit erweitern und abwandeln kann.

Sie finden in diesem Kapitel Anleitungen in unterschiedlichen Schwierigkeitsgraden. Je nach Entwicklungsstand der Kinder und nach Größe und Zusammensetzung Ihrer Gruppe sollten Sie sich von den Symbolen rechts oben auf jeder Doppelseite leiten lassen:

  leicht

  mittel

  anspruchsvoll

| Seite 132 | Figur mit Schal |
| Seite 140 | Turmfigur |
| Seite 146 | Mobile |
| Seite 156 | Bleistiftspitzer |

| Seite 134 | Windlicht |
| Seite 138 | Teller |
| Seite 150 | Schmuckfliese |
| Seite 152 | Drache |

| Seite 136 | Schuh |
| Seite 144 | Wal |
| Seite 148 | Fingerpuppe |
| Seite 154 | Tasse |

129

# Tipps und Techniken

Bevor die Kinder nach den Vorlagen tonen, sollten sie sich – ohne Aufgaben – mit dem Material vertraut machen können. Sie erhalten ein Stück Ton und dürfen dieses kneten, Kugeln und Würste formen und so fort. Erst dann sollte man mit konkreten Modelliervorschlägen beginnen.

## Material und Bezugsquelle

Ton zum Gestalten besteht aus Lehm, Wasser und Schamotte. Schamotte ist bereits gebrannter, zu Körnern gemahlener Ton. Für Kinder ist Ton mit wenig Schamotteanteil geeignet, er ist sehr leicht formbar. In diesem Kapitel werden weißer Ton und roter Ton verwendet (vor dem Brennen braun). Ton kann im keramischen Fachhandel (Adressen im Branchenbuch) oder direkt beim Töpfer gekauft werden. Dieser berät auch gerne, welcher Ton jeweils geeignet ist.

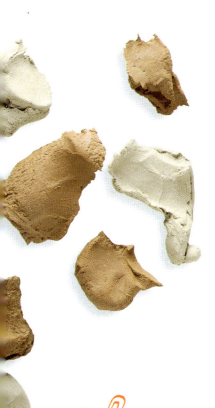

### Arbeitsplatz und Kleidung

Ton lässt sich leicht aus der Kleidung ausklopfen. Als Unterlage dient ein unbeschichtetes Holzbrett, eventuell Zeitung. Wichtig ist, dass die Unterlage saugfähig ist.

### Techniken

Ton vorher immer gut durchkneten, damit eingeschlossene Luft entweicht. Mit einem Draht oder einer Nylonschnur mit Holzgriffen kann man ein Stück Ton abschneiden. Um Tonstücke zu verbinden, drückt man die Teile gut an und verstreicht die Ränder mit Wasser. Oder man stellt Schlicker her, eine Art Klebstoff, der auf die aufgerauten Kanten gestrichen wird. Schlicker ist nasser, mit Wasser vermischter Ton von sahneartiger Konsistenz. Tonstücke, die man noch weiter verarbeiten will, bewahrt man in feuchten Tüchern auf.

### Brennen und Trocknen

Kleine Gegenstände kann man an der Luft trocknen lassen, sie sind dann aber sehr zerbrechlich. Es empfiehlt sich, die getonten Objekte zu einem Töpfer zum Brennen zu geben. In den Gegenständen darf keine Luft eingeschlossen sein. Bei Hohlkörpern sticht man am besten zum Schluss mit einer Stricknadel Löcher in den feuchten Ton, damit die Luft beim Brennen entweichen kann.

### Bemalen

Nach dem Brennen kann der Ton mit Wasserfarbe oder Plakatfarbe (Bastel- oder Malbedarf) angemalt und mit Klarlack versiegelt werden.

# Figur mit Schal

**Zwei dicke Tonstränge bilden eine witzige Figur.**

**1** Mit den Händen zwei Tonstränge rollen, einen etwas dünner (Schal und Arme), den anderen etwas dicker (den Körper). An diesem ein Ende als Spitze formen, das ergibt den Hut.

**2** Mit dem Plastikmesser das untere Ende des dickeren Strangs der Läge nach bis ungefähr zur Hälfte einschneiden. Das ergibt die Beine der Figur.

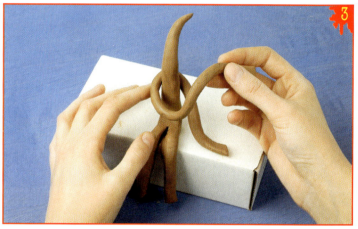

**3** Den Strang so biegen, dass er auf der kleinen Pappschachtel sitzen kann und den dünneren Strang wie einen Schal um die Figur wickeln. Die Enden bilden die Arme der Figur, mit denen sie sich aufstützt.

### Material
- brauner Ton
- Plastikmesser
- Dosenstecher
- grüne, blaue und gelbe Farbe
- Pinsel
- kleine Pappschachtel

**4** Mit dem Dosenstecher kleine Linien und Punkte in den Ton ritzen, um Hände, Augen, Knöpfe und Streifen am Hut zu kennzeichnen.

**5** Die Figur trocknen oder brennen lassen. Danach die beiden Teile zum Bemalen auseinander nehmen. Den Körper und die Beine grün bemalen, den Hut mit gelben und blauen Streifen verzieren.

**6** Den Schal blau bemalen und mit gelben und grünen Punkten verzieren.

**Die Figur ist ein lustiger Schmuck für das Bücherregal.**

**Variation**
Man kann den Körper und den Schal auch anders formen und eine ganze Sammlung von Figuren in verschiedener Haltung basteln.

# Windlicht

**Mit dem Teigroller und einem kleinen Stück Ton kann man ein dekoratives Windlicht modellieren.**

**Material**
- weißer Ton
- Plastikmesser
- Teigroller
- Zahnspatel oder Gabel
- blaue und gelbe Farbe
- mehrere Pinsel
- Zahnbürste

**1** Den Ton mit dem Teigroller ausrollen und mit dem Plastikmesser ein Rechteck zuschneiden. Eine lange Seite wellenförmig zuschneiden.

**2** Auf dem ganzen Rechteck verteilt kleine Formen einritzen und mit dem Plastikmesser ausschneiden.

**3** Eine kurze Seite des Rechtecks mit dem Spatel aufrauen und die beiden Ränder mit Schlicker bestreichen. So zusammendrücken, dass ein Zylinder entsteht. Die Naht mit etwas Wasser verstreichen und glätten.

**4** Wenn die Form getrocknet bzw. gebrannt ist, die Außenseite blau bemalen.

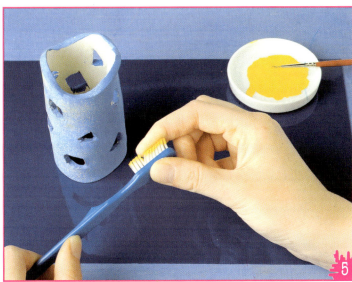

**5** Wenn die blaue Farbe getrocknet ist, etwas gelbe Farbe auf die Zahnbürste nehmen und vorsichtig auf das Windlicht spritzen.

**Variation**
Schnell ist auch ein Teller geformt, der zum Windlicht passt.

Ein Teelicht hineinsetzen und anzünden. Am besten alle anderen Lichter löschen und die gemütliche Stimmung genießen.

# Schuh

**Bei diesem dekorativen Modelliervorschlag lernt man eine Form auszuhöhlen.**

1. Den Tonklumpen in eine schuhähnliche Form bringen.

2. Den Schuh mit der Drahtschlinge aushöhlen, dabei die Zunge stehen lassen.

3. Ein Stück Ton flach ausrollen und die beiden seitlichen Aufschläge des Schuhs einzeichnen. Mit dem Plastikmesser ausschneiden und mit dem stumpfen Ende eines Bleistifts drei Löcher in jeden Aufschlag drücken, durch die der Schnürsenkel gefädelt wird.

**Material**
- brauner Ton
- Drahtschlinge
- Plastikmesser
- Dosenstecher
- Teigroller
- grüne und rote Farbe
- Pinsel
- Bleistift
- gelbes Band

4. Die Aufschläge an den Schuh setzen (Seiten, aufrauen, mit Schlicker bestreichen, festdrücken).

**5** Wenn der Schuh getrocknet bzw. gebrannt ist, wird er grün bemalt. Mit der roten Farbe Sohle, Nähte und Rand des Schuhs verzieren.

**6** Ein Stück gelbes Band zuschneiden, in die Löcher fädeln und eine hübsche Schleife binden.

Fertig! Gefüllt mit Süßem ist der Schuh ein lustiges Geschenk.

**Variation**
Man kann andere Schuhe formen, z.B. einen Turnschuh, einen Stiefel für Stifte …

# Teller

**Hier entsteht ein lustiger Teller für Büroklammern, Schlüssel, Kleingeld usw.**

**1** Für den Boden des Tellers eine Kugel aus weißem Ton flachdrücken. Einen Strang aus weißem Ton als Rand darauf legen und gut verstreichen.

**2** Ein Stück braunen Ton mit dem Teigroller ausrollen und mit dem Dosenstecher einen Kreis (Kopf) und zwei lange Rechtecke (die Arme) anzeichnen. Mit dem Plastikmesser ausschneiden.

**Material**
- weißer Ton
- brauner Ton
- Plastikmesser
- Dosenstecher
- Teigroller
- gelbe und blaue Farbe
- Pinsel

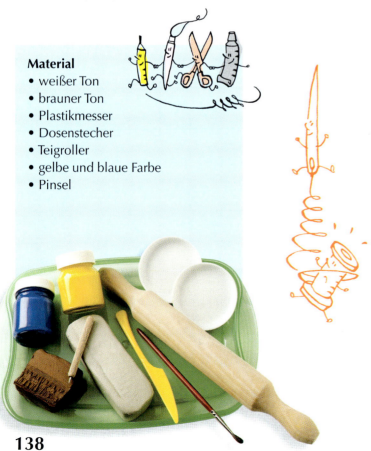

**3** Den Kopf und die Arme unten mit Schlicker bestreichen, auf den weißen Teller setzen und andrücken. Mit dem Dosenstecher die Finger und das Gesicht der Puppe einzeichnen.

**4** Als Füße zwei kleine Kugeln aus braunem Ton formen, auf den Rand des Tellers drücken und von unten mit etwas Wasser verstreichen.

**5** Nach dem Trocknen oder Brennen das Haar der Figur gelb bemalen, die Arme mit blauen Streifen und den Körper mit blauen und gelben Streifen.

Gebrannt und lackiert ist dieser Teller ein schönes Geschenk.

**Variation**
Aus der Grundform lässt sich auch ein Löwenkopf, eine Blume oder ein Frosch entwickeln.

# Turmfigur

Kugel, Würfel und Quader aus Ton kann man auf einem Spieß zu einer originellen Figur zusammensetzen.

**Material**
- brauner Ton
- weißer Ton
- Schaschlikspieße
- verschiedene Farben
- mehrere Pinsel

1 Aus braunem Ton eine dreieckige Grundlage formen und einen Spieß in die Mitte stecken.

2 Später, wenn das Dreieck ganz trocken oder gebrannt ist, wird es angemalt.

3 Mehrere Kugeln formen und Löcher hineinbohren. Die Kugeln dienen als Köpfe für die Figuren.

**4** Wenn die Kugeln getrocknet sind, mit einem dünnen Pinsel auf jede Kugel ein anderes Gesicht malen: ein trauriges, ein fröhliches, ein gleichgültiges ... Das Malen ist leichter, wenn die Kugeln auf einem Spieß stecken.

**5** Ungefähr gleich große Körper mit quadratischem Grundriss formen, indem man Tonkugeln auf dem Tisch gerade klopft. Jeweils ein Loch hineinbohren.

**6** Wenn die Quader und Würfel trocken sind, werden sie bunt bemalt und mit Mustern (Punkte, Streifen ...) verziert.

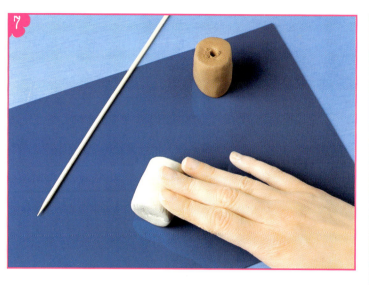

**7** Mit der Hand dicke zylindrische Formen rollen, die Enden auf den Tisch klopfen, damit sie flach werden, und ein Loch in die Mitte bohren.

**8** Nach dem Trocknen werden die Zylinder in verschiedenen Farben bemalt.

**9** Zum Schluss Kegel formen, die den Figuren als Hut dienen. Man brauch nur am flachen Ende ein Loch hineinbohren, das spitze Ende bleibt geschlossen.

**10** Wenn die Formen trocken oder gebrannt sind, werden sie bunt bemalt.

**11** Zum Schluss Formen auswählen und auf den Spieß mit der dreieckigen Basis stecken.

Man kann die Elemente immer neu kombinieren und zu vielen unterschiedlichen Figuren zusammensetzen.

**Variation**
Die Kinder können sich andere Formen ausdenken und eine Sammlung von „Bausteinen" anlegen.

# Wal

**Dieser freundliche Wal bewahrt Geheimnisse in seinem Inneren.**

**Material**
- brauner Ton
- dicker Nylonfaden
- Drahtschlinge
- blaue, weiße und schwarze Farbe
- mehrere Pinsel

1. Aus braunem Ton den Körper des Wals mit einer großen Fluke formen.

2. Mit einem Stück Nylonfaden den Wal in der Mitte von vorn nach hinten durchschneiden. Der untere Teil wird die Basis des Kästchens, der obere der Deckel.

3. Einen Tonstrang rollen und innen an den Deckel setzen, damit dieser später nicht verrutscht.

4. Mit der Drahtschlinge das Innere des Walkörpers aushöhlen, dabei darauf achten, dass die Wände nicht verletzt werden.

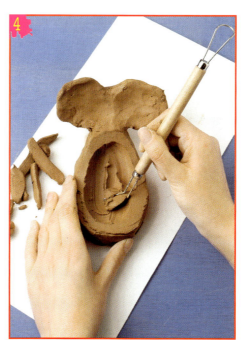

5. Für die Wasserfontäne einen dickeren Tonstrang rollen und in der Mitte teilen. Das Stück auf dem Rücken mit etwas Schlicker ankleben und gut verstreichen. Jetzt hat der Deckel einen Griff.

**6** Alles trocknen oder brennen lassen. Dann die Fontäne blau bemalen, die Augen schwarz und das Maul weiß und schwarz. Blau und Weiß am Rand wirken wie Meerwasser.

Ein gutes Versteck für kleine Schätze!

**Variation**
Man kann auch eine Schildkröte oder einen Krebs formen, ihr Panzer dient dann als Deckel.

# Mobile

**Mit Backförmchen und viel Farbe entsteht ein lustiges Mobile aus Tonfiguren.**

**1** Den Ton mit dem Teigroller ausrollen und die Förmchen tief hineindrücken.

**2** Die Förmchen herausziehen. Die Figuren ausschneiden und mit Löchern versehen.

**3** Aus dem übrigen Ton kleine weiße und braune Kugeln rollen und mit dem Zahnstocher durchbohren.

**Material**
- brauner Ton
- weißer Ton
- Teigroller
- runde Zahnstocher
- Backförmchen aus Plastik
- lange Holzstäbchen
- Schnur
- Schere
- verschiedene Farben
- Pinsel

**4** Wenn die Figuren gebrannt sind, kann man sie bunt bemalen.

**5** Sechs Stücke Schnur zuschneiden und auf jede Schnur verschiedene Figuren und Kugeln auffädeln.

Damit das Mobile gut hängt, beim Zusammenbinden auf das Gleichgewicht achten.

**6** Aus den drei Holzstäbchen einen Stern binden und an jedem Strahl Figuren aufhängen. Dabei sollte ein Erwachsener helfen.

**Variation**
Wer will, ritzt selbst ausgedachte Figuren in den Ton und schneidet sie aus.

# Fingerpuppen

„Guten Tag", sagt das Schweinchen und wackelt mit dem Kopf. Diese Fingerpuppe ist schnell gebastelt.

**Material**
- brauner Ton
- Dosenstecher
- grüner Stoff
- Klebestift oder Bastelleim
- weiße und rosa Farbe
- Pinsel

1 Eine mittelgroße Tonkugel formen und auf einen Finger setzen, sodass sie gut hält.

2 Mit der andere Hand den Rüssel und die Ohren des Schweinchens formen.

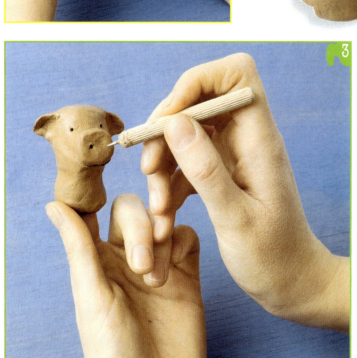

3 Mit dem Stecher Augen und Nasenlöcher anzeichnen.

4 Wenn die Figur gebrannt ist, wird sie mit Rosa und Weiß bemalt, den Rüssel und die Innenseite der Ohren nur mit Rosa.

**5** Ein kleines Rechteck aus grünem Stoff zuschneiden und um den Hals des Schweinchens kleben.

Fertig ist die erste Fingerpuppe. Am besten man bastelt noch andere Figuren und spielt damit eine Geschichte vor.

**Variation**
Genauso kann man andere Tierfiguren basteln. Leichter ist es, nur Kugeln zu formen und dann Gesichter auszumalen.

# Schmuckfliese

**In dieser Schmuckfliese ist die eigene Hand verewigt – eine ganz persönliche Erinnerung.**

1. Ein Stück weißen Ton mit dem Teigroller 2 cm dick ausrollen und mit dem Plastikmesser eine rechteckige Fliese zuschneiden, auf der die Hand Platz hat.

2. Die Hand auf die Fliese legen und mit dem Stecher den Umriss nachzeichnen.

**Material**
- weißer Ton
- Teigroller
- Plastikmesser
- Drahtschlinge
- Dosenstecher
- blaue, orange und weiße Farbe
- Pinsel

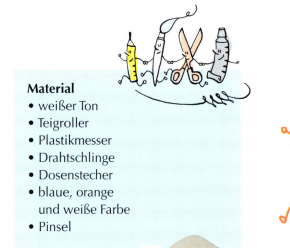

3. Mit der Drahtschlinge den Umriss der Hand aushöhlen. Dabei darauf achten, dass man kein Loch in die Fliese stößt.

**4** Wenn der Ton trocken ist, die Handfläche orange und den Hintergrund blau anmalen.

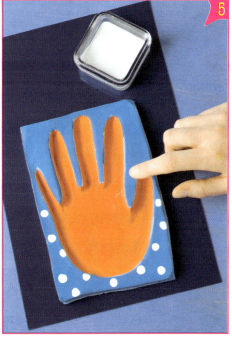

**5** Zum Schluss mit dem Finger weiße Punkte auftupfen.

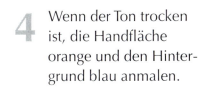

**Die fertige Fliese kann man an die Wand hängen oder zum Aufbewahren von Kleinigkeiten verwenden.**

**Variation**
Wird die Fliese dicker ausgerollt, kann die Hand einfach fest in den Ton gedrückt werden (ohne Aushöhlen).

151

# Drache

**Dieser Briefbeschwerer in Drachenform bewacht zuverlässig Briefe und Notizzettel.**

**Material**
- weißer Ton
- brauner Ton
- Teigroller
- Plastikmesser
- Dosenstecher
- grüne Farbe
- Pinsel

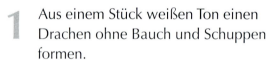

1 Aus einem Stück weißen Ton einen Drachen ohne Bauch und Schuppen formen.

2 Ein Stück braunen Ton für den Bauch vorbereiten, mit Schlicker bestreichen und an die Figur drücken.

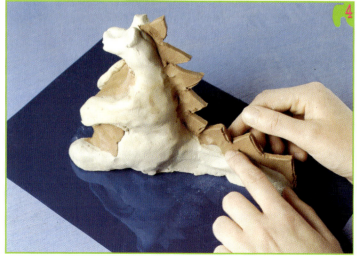

3 Ein Stück braunen Ton ausrollen und die aufrechten Rückenschuppen vom Kopf bis zur Schwanzspitze anzeichnen. Mit dem Plastikmesser ausschneiden.

4 Die Schuppen aufsetzen und die Ansatzstellen verstreichen.

**5** Mit dem Dosenstecher die Augen, die Nase, Finger und Zehen und die Streifen auf dem Bauch anzeichnen.

**6** Wenn der Drache gebrannt werden soll, den Körper von unten etwas aushöhlen. Nach dem Brennen bemalen.

**Variation**
Genauso kann man auch andere Tiere formen: einen Bären, einen Löwen …

Pass gut auf, kleiner Drache!

# Tasse

**In dieser Gute-Laune-Tasse kann man z. B. Süßes aufbewahren.**

1. Für den Boden der Tasse eine Tonkugel ausrollen und mit der Hand auf dem Tisch flach drücken.

2. Drei Tonstränge ausrollen. Den Rand des Bodens aufrauen, mit Schlicker bestreichen und die Wülste darauf legen. Gut andrücken und die Fugen innen und außen verstreichen.

3. Für die Henkel noch zwei kürzere Tonstränge rollen. Mit Schlicker an den aufgerauten Ansatzstellen anbringen.

**Material**
- brauner Ton
- Farbe in verschiedenen Tönen
- mehrere Pinsel
- Schwamm

4. Eine kleine Tonkugel als Nase auf die Tasse drücken und verstreichen. Die Form mit ein paar Tropfen Wasser glätten.

**5** Wenn der Ton gebrannt ist, die Innenseite und die Henkel der Tasse grün bemalen, die Außenseite orange und den Rand weiß.

**6** Das Gesicht aufmalen. Für Augen und Mund den Pinsel nehmen, für die Nase und die Wangen den Schwamm. Die Henkel mit ein paar orangefarbenen Tupfen verzieren.

## Man sollte die Tasse nur zum Trinken benutzen, wenn sie mit spezieller Tonglasur bemalt wurde.

**Variation**
Die Tasse lässt sich leicht verändern, vielleicht töpfert man noch einen Teller dazu.

# Bleistiftspitzer

**Material**
- weißer Ton
- Bleistiftspitzer
- gelbe, schwarze und rote Farbe
- Pinsel

Dieser Spitzer ist ein origineller Blickfang auf jedem Schreibtisch.

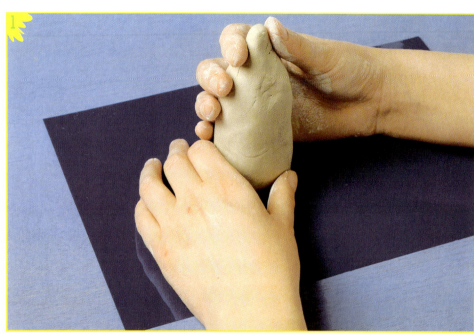

1 Aus einem Stück weißen Ton einen dicken Zylinder formen und an einem Ende eine Spitze modellieren.

2 Ein kleines Stück Ton aus dem Boden des Zylinders schneiden und den Bleistiftspitzer hineinstecken. Den Spitzer so einsetzen, dass das abgeschabte Holz nach unten fällt.

3 Die Figur mit ein paar Tropfen Wasser glätten.

**4** Wenn der Ton trocken oder gebrannt ist, den unteren Teil des Bleistifts gelb bemalen, das obere Ende der Spitze schwarz.

**5** Wenn die gelbe Farbe trocken ist, mit schwarzen Streifen und rotem Rand verzieren.

## Ab jetzt wird jeder deinen Spitzer erkennen und er geht nicht mehr so schnell verloren.

**Variation**
Man kann auch Ton in zwei Farben verwenden und den Bleistift unbemalt lassen.

## Register

| | |
|---|---|
| Auto mit Anhänger | 80 |
| Ball | 78 |
| Bilderrahmen | 66 |
| Bleistiftspitzer | 156 |
| Blumen | 24 |
| Bonbon | 36 |
| Clown | 16 |
| Domino | 108 |
| Dorf | 20 |
| Drache | 152 |
| Drahtfigur | 114 |
| Figur mit Schal | 132 |
| Fingerpuppen | 148 |
| Flechtpuppe | 76 |
| Fotoapparat | 50 |
| Handpuppe | 32 |
| Hut | 14 |
| Kasten | 106 |
| Katze | 18 |
| Kissen mit Tasche | 90 |
| Korkpferdchen | 120 |
| Landschaft aus Holz | 102 |
| Leporello | 12 |
| Lesezeichen | 92 |
| Lustiges Besteck | 118 |
| Mäppchen | 86 |
| Mappe | 126 |
| Mobile | 146 |
| Pantoffeln | 48 |
| Papagei | 62 |
| Parkhaus | 46 |
| Puppe aus Papier | 26 |
| Puppenstube | 110 |
| Rassel | 116 |
| Ringspiel | 54 |
| Rote Raupe | 94 |
| Schaukelente | 104 |
| Scherenmäppchen | 64 |
| Schmuckfliese | 150 |
| Schnecke | 44 |
| Schrank | 60 |
| Schuh | 136 |
| Spardose | 58 |
| Stifthalter | 56 |
| Storch | 124 |
| Strumpfpuppe | 84 |
| Tag und Nacht | 30 |
| Tasche | 96 |
| Taschenhaus | 74 |
| Tasse | 154 |
| Telefon | 34 |
| Teller | 138 |
| Tischtennis | 42 |
| Turmfigur | 140 |
| Tütenspaß | 28 |
| Untersetzer | 122 |
| Vogel | 72 |
| Wal | 144 |
| Windlicht | 134 |
| Wollkugelpuppe | 88 |

Ravensburger Bücher   Unsere Empfehlung

# Weitere Bücher mit wertvollen Anregungen für Eltern und Erzieher:

**Allererstes Basteln**

Dieser wertvolle Ideenratgeber für alle, die sich mit kleinen Kindern beschäftigen, zeigt einfache Bastelarbeiten mit Farbe, Papier, Pappe, Ton, Filz, Wolle, Knete, Stempel und Naturmaterialien.

ISBN 3-473-**55603**-3

**Erstes Basteln**

60 neue, einfache Bastelideen mit Pappmaschee, Knet- und Modelliermasse, Natur- und Verpackungsmaterial für Kinder ab 3 Jahren.

ISBN 3-473-**37842**-9

Ute und Tilman Michalski

**Basteln**

Aus Holz, Papier, Wolle, Ton, Blech und Knete entstehen tolle Faschingskostüme, Osterhasen, Strandspielzeug, Schultüten, Drachen, Weihnachtsschmuck und vieles mehr.

ISBN 3-473-**41083**-7

M. Angels Comella

**Ravensburger Kindermalschule**

Diese große Kindermalschule führt anschaulich ein in das Malen mit Wachsfarben, Wasserfarben, Plakafarben, Bunt- und Filzstiften. Eine Fülle von anregenden Bildbeispielen und fotografierte Schritt-für-Schritt-Anleitungen machen die Umsetzung ganz einfach.

ISBN 3-473-**37854**-2

Bertrun Jeitner-Hartmann (Hrsg.)

**Das große Ravensburger Buch der Kinderbeschäftigung**

Das erfolgreiche Standardwerk in aktueller Überarbeitung! Durch die praktische Einteilung nach Altersgruppen sind die Beschäftigungsideen zu allen wichtigen Themen sofort verfügbar.

ISBN 3-473-**37351**-6

Hermann Krekeler/Marlies Rieper-Bastian

**Spannende Experimente**

Naturwissenschaft spielerisch erleben

Über 60 tolle Experimente zum Staunen, Forschen und Entdecken. Spielerisch entdecken Kinder naturwissenschaftliche Zusammenhänge.

ISBN 3-473-**37348**-6

www.ravensburger.de